해석주의 교육사회학 탐구(1)

상식 밖의 교육학

서 근 원 저

강현출판사

머리말

교육사회학(sociology of education)은 사회학의 관점에서 교육을 바라보는 학문이다. 사회학의 관점에서 교육을 바라본다는 것은 사회라는 전체 속에서 교육이 어떻게 이루어지고, 어떤 기능을 수행하고, 어떻게 변화해가는지를 설명하는 것이다. 이 때 사회를 어떤 것으로 보는가에 따라서, 즉 사람들 사이의 어떤 관계에 의해서 사회가 구성되는 것으로 보는가에 따라서 교육을 바라보는 사회학의 관점과 그 결과가 서로 달라진다.

뒤르케임(E. Durkhiem) 류의 기능주의 사회학에서는 개인이나 집단 사이의 관계를 유기적 관계로 파악하고, 교육은 개인이나 집단이 유기적으로 통합되도록 하는 기능을 수행한다고 본다. 맑스(K. Marx) 류의 갈등주의 사회학에서는 개인이나 집단 사이의 관계를 생산 관계로 파악하고, 교육은 불평등한 계급 구조를 재생산하는 기능을 수행한다고 본다. 베버(M. Weber) 류의 갈등주의 사회학에서는 개인이나 집단 사이의 관계를 권력 관계로 파악하고, 교육은 불평등한 권력 구조를 재생산하는 기능을 수행한다고 본다.

그런데 교육을 이러한 사회학의 관점에서 보는 것은 한편으로는 교육을 거시적인 시각에서 다양하게 바라볼 수 있게 한다는 점에서 의의가 있다. 그러한 거시적인 시각은 학교 교육의 문제를 해결하기 위해서는 사회 체제의 변화가 선행되거나 적어도 병행되어야 함을 알게 해준다. 그러나 다른 한편으로 그것은 교육을 종속적으로 바라보도록 한다는 한계를 지니고 있기도 하다. 교육을 사회의 부수적 기능으로서만 파악하도록 함으로써 우리로 하여금 교육의 모든 문제를 사회의 문제로 환원하도록 하고, 교육이 고유하게 안고 있는 문제에는 주목하지 못하게 한다. 즉 교육 내적인 노력을 통한 교육의 문제 해결 가능성을 소홀히 하게 한다.

이러한 한계를 극복하기 위해서는 교육을 바라보는 시선이 달라져야 한다. 즉 교육을 사회라는 전체 속에서 바라보는 데서 벗어나야 한다. 그 길 가운데 하나가 행위자의 관점에서 교육을 바라보는 것이다. 즉 교육에 참여하는 사람의 관점에서 오늘날 우리나라 교육의 문제의 원인을 파악하고 그에 대한 대안을 모색하는 것이다. 사회가 결국은 사람들 사이의 관계로서 구성되는 것이고, 그 관계는 사람들의 행위에 의해서 맺어지며, 그 행위의 이면에는 행위자들의 사고나 관점이 전제되어 있다는 점을 고려하면, 오늘날 우리나라 교육의 문제와 사회의 모습은 바로 그 사고로부터 비롯된다고 볼 수 있다. 따라서 오늘날 우리나라 교육의 문제를 해결하는 실마리 역시 그 사고의 변화에서 찾을 필요가 있다.

이 책에 실린 글들은 오늘날 우리나라 교육의 문제 이면에 놓여 있는 사고에 관한 것들이다. 나는 이 책에 실린 여러 글들 속에서 우리가 오늘날 교육의 문제라고 부르는 현상 이면에는 어떤 사고가 전제되어 있으며, 그러한 사고가 우리 교육 현실 속에서 어떤 문제를 유발하는지를 구체적인 사례와 함께 살펴보고자 했다. 또한 그러한 문제를 해결하기 위해서는 교육에 참여하는 사람들의 교육에 관한 사고가 어떻게 변화되는 것이 적절한지 모색하고자 했다. 이러한 작업을 통해서 우리의 학교 교육의 현실과 우리가 살아가는 사회를 교육의 관점에서 사회를 재해석하고자 했다.

그런데 여기에 실린 글들은 아직 충분히 완성되지 않았다. 그 가운데 일부는 오래 전에 쓰였음에도 불구하고 아직까지 공식적으로 발표되지 않았거나, 소수의 사람들에게만 공개된 것이다. 그런 글들을 이 자리에 함께 싣는 것은 그 글들이 교육사회학의 새로운 가능성을 모색하는 연구자들뿐만 아니라, 오늘날 우리나라 교육의 문제를 해결하고자 노력하는 교육 실천가들에게도 적게나마 참고가 되기를 바라기 때문이다.

부디 더 이상 우리 아이들이 학교에서 교육이라는 이름으로 고통받지 않게 되기를 바란다. 더 이상 어른들이 교육이라는 이름으로 아이들의 무한한 가능성을 억압하는 일이 없게 되기를 바란다.

2012년 4월 1일 밤
달구벌 물별 고을에서
서근원 씀

차 례

제1장

왜 해석주의 교육사회학인가?

1. 한국 사회의 교육
2. 사회체제와 교육
3. 교육의 사교육화
4. 사회 체제의 암묵적 기반
5. 대안적 접근의 모색
6. 해석주의 교육사회학

CHAPTER 1

왜 해석주의 교육사회학인가?[1)]

1. 한국 사회의 교육

지난 2008년 2월에 통계청에서 사교육비와 관련된 조사 결과를 발표했다. 발표 내용에 따르면, 2007년 한 해 동안 전체 학생의 77%가 학원 수강이나 과외 교습 등의 사교육에 참여했고, 주당 7.8시간을 사교육 활동에 할애했다. 사교육에 참여하는 학생들은 매달 평균 28만 8천 원을 지출했고, 전 국민이 2007년 한 해 동안 사교육에 지출한 금액은 20조 4000억 원에 이른다. 같은 기간 동안 교육인적자원부는 31조 450억 원을 예산으로 편성했다. 이 금액은 2007년 정부의 일반회계 158조 원의 19.74%에 해당하는 액수다. 그 가운데 27조 648억 원은 유, 초, 중등 교육을 위해서 사용했다. 위의 사교육비 실태 조사가 초, 중, 고등학교 학생만을 대상으로 한 점을 고려하면, 우리나라 국민은 2007년 한 해 동안 정부의 초, 중등학교 예산과 비슷한 금액을 사교육에 지출했다고 볼 수 있다. 국민과 정부가 초, 중등 교육을 위해서 지출한 전체 금액은 정부 일반 예산의 30%를 웃돈다.

우리나라의 학부모들이 자녀의 교육을 위해서 정부의 교육 예산

1) 이 글은 "한국 사회의 교육 현실과 교육사회학의 과제"(2008년 가을 서울대학교 사범대학 교육사회학 강의 중 학생들에게 안내한 글, 2008년 9월 8일)를 일부 수정한 것이다.

과 비슷한 금액을 지출하고, 국민과 정부가 함께 국가 예산의 30% 이상을 지출한다는 사실 자체는 아무런 문제가 되지 않는다. 어느 면에서 보면 한국 사회가 전체적으로 교육을 위해서, 특히 한국 사회의 미래와 관련된 아이들의 교육을 위해서 지출한다는 점에서 바람직하다고 볼 수도 있다. 그러나 이런 비용, 특히 사교육비가 일부 집단에게만 편중되게 사용된다거나, 그런 교육을 통해서 오히려 아이들의 학습이 왜곡되거나, 더 중요한 다른 것들을 상실하거나, 개인의 삶뿐만 아니라 우리 사회가 전반적으로 부조리한 상태에 이르게 된다면 이런 현상은 심각하게 재고할 필요가 있다. 그것은 다수의 사람들을 불행의 늪으로 빠트리기 때문이다. 실지로, 이런 이유에서 많은 사람들이 한국 사회의 사교육과 관련해서 우려의 목소리를 내고 있고, 정부 또한 이런 현상을 문제로서 인식하고, 그것을 해결하기 위해서 여러 가지 노력을 기울여왔다. 과외를 금지하고, 학교의 여건을 개선하고, 학교에 방과 후 학교를 설치하는 등이 그것이다. 그럼에도 불구하고 이 문제는 해결의 기미조차 보이지 않고 점점 더 심화되고 고착되고 있다.

이런 현상은 우리에게 몇 가지 의문을 갖게 한다. 한국의 학부모들은 왜 그 많은 돈을 사교육에 지출할 수밖에 없는지, 사교육은 어떻게 이루어지는지, 사교육을 통해서 아이들은 무엇을 학습하는지, 이와 같은 사교육 현상이 한국 사회를 어떻게 변화시키거나 어떤 사회적 질서를 구성하는지, 사교육 현상이 어떤 의미가 있는지, 사교육 현상을 어떤 눈으로 바라보는 것이 적절한지, 그것이 문제라면 어떤 해결 방안이 필요하거나 가능한지 등등.

그런데 위와 같은 의문에 대한 해답을 얻는 일은 쉽지 않다. 해답을 얻기 위해서는 한편으로는 한국 사회의 사교육 현실을 심층적이면서 동시에 총체적으로 파악해야 하고, 다른 한편으로는 그것을 바라볼 수 있는 이론적 안목을 갖추어야 한다. 그런데, 이 가운데 사교육 현실을 심층적이면서 동시에 총체적으로 파악하기 위해서는 장기간 참여관찰 등의 방법으로 다양한 사교육 현장뿐만 아니라 그와 연관되어 있는 공교육 현장까지도 조사해야 한다. 그러나 그것은 현재 나의 여건으로는 가능하지 않다. 그래서 나는 사교육 현실에 관한 현재 나의 인식을 잠정적으로 정리하고, 그것을 어떤 이론적 관점으로 파악하는 것이 적절한지를 주로 모색하고자 한다.

2. 사회체제와 교육

한국 사회에서 사교육, 그 가운데 청소년을 대상으로 하는 사교육이 사회적인 문제로 여겨질 만큼 심화된 것은 한국 사회의 체제와 관련이 있다. 기능주의 사회학의 관점에서 보면, 어느 사회건 하나의 집단으로서의 사회는 체제로서 파악될 수 있다. 특히 근대 이후에 등장한 대부분의 국가들은 체제를 모델로 해서 형성되고 유지되고 있으며, 한국 사회 역시 마찬가지다.

사회 체제(social system)는 서로 다른 기능을 수행하는 개인이나 집단이 모여 하나의 통합된 기능을 수행하는 전체이다. 한 체제는 하위체제를 포함하기도 하고, 상위체제에 포함되기도 한다. 이 때 하위체제는 상위체제의 한 부분으로서 상위체제를 유지하는 데 필요한 특정한 기능을 수행한다. 어느 경우건 체제는 제도와 사람의 두 가지 요소로 구성된다. 제도는 체제를 구성하는 집단이나 개인들의 역할을 규정하고, 사람은 그 제도에 따라서 체제를 유지하는 데 필요한 역할을 수행한다(Getzels, 1969; 박용헌, 1998: 24-25).

사회체제를 구성하는 요소 가운데 하나인 제도는 법률이나 규정과 같이 명시적인 문서의 형태로 존재하기도 하고, 관습처럼 암묵적으로 존재하기도 한다. 헌법이나 관습과 같이 한 국가 집단에 속하는 모든 사람의 행위를 보편적으로 규정하기도 하지만, 교육과정 문서나 학급 질서와 같이 특정 집단 사람들의 행위만을 규정하기도 한다. 어느 경우건 제도는 실체로서 존재하지 않는다. 그것은 오감으로 듣고 보고 만질 수 있는 것이 아니다. 설령 그것이 문서로 기록되어 있다고 해도, 문자가 제도인 것은 아니다. 그 문자가 의미하는 것이 제도다.

이 제도는 쉽사리 형성되지도 않고, 쉽사리 변화하지도 않는다. 그 점은 명시적인 제도보다는 암묵적인 제도가, 특수적인 제도보다 보편적인 제도가 더욱 그렇다. 예를 들면 새로운 법률을 만들기 위해서는 국회에서의 길고 까다로운 입법절차를 거쳐야 하고, 그 법률이 규정하는 역할이 사람의 행위로 나타나는 데도 일련의 시행절차를 거쳐야 한다. 이 절차는 사회의 규모가 클수록 길다. 또한 한국 사회의 경우 아직도 일부 지방에서는 남자가 부엌에 들어가는 것을 금기시하고 있으며, 매장에 필요한 토지가 부족함에도 불구하고 화장으로 장례를 치르는 사람들은 아직 일부에 그치고 있다.[2)]

그런데, 제도는 그것이 존재한다는 사실만으로는 사회를 구성하거나 유지하는 데 아무런 관련도 맺지 못한다. 제도가 그 자체로서 스스로 역할을 수행할 수 있는 것이 아니기 때문이다. 그것은 마치

---

2) 문화인류학에서는 이것을 문화지체(cultural gap)라고 부른다.

컴퓨터 프로그램은 그 자체로서는 아무런 일도 하지 못하는 것과 마찬가지다. 제도가 한 사회를 구성하거나 유지하는 데 관련을 맺기 위해서는 그것이 사람의 행위로 나타나야 하고, 사람의 행위로 나타나기 위해서는 사람이 그 제도를 정당한 것으로 인정해야 하고, 그 제도를 자신의 사고에 내면화해야 하고, 제도가 규정하는 바에 따라서 스스로 행위할 수 있어야 한다. 그것은 마치 컴퓨터 프로그램을 컴퓨터 기계에 설치해야만 컴퓨터가 특정한 기능을 수행하게 되는 것과 마찬가지다. 따라서 한 사회체제가 구성되거나 유지되기 위해서 사회는 그 구성원들에게 제도를 내면화하는 작업을 해야 한다.

기능주의 사회학에서는 이것을 사회화(socialization)라고 부르고, 그것은 교육에 의해서 이루어진다고 보았다. 따라서 기능주의 사회학에서 교육은 사회화다. 또는 교육은 사회화를 목적으로 이루어진다. 기능주의 사회학의 시조라고 불리는 프랑스 사회학자 뒤르케임(E. Durkheim, 1858-1917)은 이 사회화를 보편사회화와 특수사회화로 구분했다. 보편사회화는 한 사회의 구성원이라면 누구나 공통적으로 따라야 할 제도를 내면화하는 일이고, 특수사회화는 특정한 집단 특히 직업집단이 그 역할을 수행하기 위해서 그 역할과 관련된 제도를 내면화하는 일이다.

제도와 달리 사람은 실체로서 존재한다. 우리는 사람을 보고 만질 수 있다. 모든 실체는 변화한다. 따라서 제도가 비교적 안정적인 데 비해서 사람은 유동적이다. 제도는 몇 십 년 또는 몇 백 년 동안 변함없이 유지될 수도 있지만, 사람은 그렇지 못하다. 사람은 태어나서 자라고 늙고 죽는다. 따라서 한 사람이 하나의 역할을 영원히 수행할 수는 없다. 모든 사람은 언젠가는 자신이 맡은 역할을 그만두어야 하고, 그 역할을 다른 누군가가 대신 맡아야 한다. 때로는 한 역할을 수행하던 사람이 다른 역할을 바꾸어서 수행하기도 한다. 이처럼 사회체제가 유동적인 사람에 의해서 구성되거나 유지되기 때문에, 한 사회체제를 구성하거나 유지하기 위해서는 체제에 필요한 역할을 수행할 수 있는 사람을 선발할 필요가 있다. 그리고 그 선발은 해당하는 역할을 적절히 수행할 수 있는 능력을 갖추었는지 여부를 기준으로 이루어진다.

이 때 능력을 갖추었다는 것은 사회체제를 유지하는 데 필요한 역할의 수행과 관련된 제도를 내면화했다는 것을 뜻한다. 이 제도에는 앞서 언급한 것처럼 명시적인 것도 있지만 암묵적인 것도 있으며, 특정한 역할과 직접적으로 관련된 것도 있지만 간접적으로 관련된 것도 있다. 예를 들면, 수학교사에게 요구되는 수학 지식이나 교수법 등이 전자에 해당하는 것이라면, 장유유서와 상부상조의 질서 또는 한국어는 후자에 해당한다. 학교에서는 이 가운데 명시적이고 직접적인 제도를 교과의 형태로 정돈해서 체계적으로 전달한다. 따라서 학교의 교과 내용을 학습한 양과 정도, 즉 학력(學力)은 사회체제에서 요구하는 능력을 갖춘 정도로 간주된다고 말할 수 있다.

그리고 학교에서 가르치는 교과는 학교급과 종류에 따라서 달라지므로 학력(學歷)은 학력(學力) 또는 능력을 상징적으로 드러낸다고 볼 수 있다. 그리고 학력(學歷)에 의해서 구분되지 않는 능력을 좀 더 정교한 방식으로 파악하고자 할 때는 시험이 이용된다. 특히 선발이 대규모로 이루어질 때는 지문선택형 시험(multiple-choice test)이 이용되고, 그 결과는 숫자로 표시된다. 그리고 이 시험 점수는 능력을 보여주는 하나의 지표로서 통용된다.

그런데 이러한 선발이 이루어지기 위해서는 사회체제 속의 역할을 수행하고자 지원하는 사람들이 있어야 한다. 사람들이 지원하도록 하기 위해서 두 가지가 제도가 사용된다. 하나는, 어떤 점에서건 그 역할을 수행하는 일이 지원자에게 의미가 있도록 하는 것이다. 특히 각각의 역할은 사회체제 내에서의 위치에 따라서 그에 상응하는 권력과 명예가 함께 주어져있다. 이와 함께 각각의 역할에는 금전의 보상이 주어진다. 역할이 희소하거나, 역할을 수행하는 데 요구되는 제도가 복잡하고 어렵거나, 다른 역할에도 크게 영향을 미치는 역할일수록 보상을 더 크게 함으로써, 좀 더 우수한 능력을 가진 사람이 그 역할을 맡을 수 있게 한다. 다른 하나는, 누구나 그 역할을 지원할 수 있도록 허용한다. 특히 역할을 지원하기 위해서는 거기에 요구되는 능력을 갖추어야 하고, 그 능력을 갖추기 위해서는 학교의 교육을 이수해야 하므로, 누구나 학교에서 공부할 수 있게 한다.

3. 교육의 사교육화

지금까지 한국 사회에서 교육, 특히 학교교육은 이런 사회체제 안에서 이루어져왔다. 이런 사회체제 안에서 개인들은 자신들이 생각하기에 좀 더 많은 보상이 주어지는 역할을 수행하기 위해서 노력한다. 판사, 검사, 변호사, 의사, 경영자, 교수, 공학자 등등이 그 예다. 그런데 이런 역할들은 한정되어 있는 데 비해서 지원자는 상대적으로 더 많으므로 지원자들 사이에 경쟁이 일어날 수밖에 없다. 그리고 그들은 경쟁에서 이기기 위해서 다양한 노력을 경주한다. 그 노력의 핵심은 다른 사람보다 더 우수한 능력을 갖추는 것이다. 좀 더 엄밀하게 말하면 좀 더 우수한 능력을 갖추었다고 인정받을 수 있는 평가에서의 높은 점수를 확보하는 것이다.

그러기 위해서 적어도 다음 세 가지 수월전략을 구사한다. 첫째는 다른 사람보다 더 많은 시간을 학습을 위해서 투여하는 것이다. 다른 사람보다 더 이른 시기부터 교과를 학습하고, 학교의 교과공부 시간 이외에도 학습하는 것이 그 예다. 둘째는, 다른 사람보다 더 우수한 교사로부터 배우는 것이다. 유명 학원의 강사나 우수한 과외 교사로부터 배우는 것이 그 예다. 셋째는 다른 사람이 갖추지 못한 능력을 추가로 갖추는 것이다. 외국어나 예체능 실력을 갖추는 것이 그 예다.

그런데 이와 같은 경쟁에는 모든 사람이 참여할 수 있는 것은 아니며, 모든 사람이 참여한다고 해도 공평하게 그 경쟁에 임할 수 있는 것도 아니다. 위와 같은 수월전략을 구사하기 위해서는 거기에 요구되는 자본을 갖추고 있어야 하기 때문이다. 학교 공부 이외의 시간에 우수한 교사로부터 다른 사람이 갖추지 못하는 능력을 갖추기 위해서는 경제자본이 있어야 한다. 경제자본을 갖추지 못한 상황에서는 이러한 경쟁에 참여하는 일 자체가 불가능하다. 앞의 조사 결과에 따르면, 가구의 월평균 소득이 500만 원 이상인 경우에는 90%이상의 학생이 사교육에 참여하지만, 100만원 미만인 경우에는 36.9%의 학생만 사교육에 참여한다.

또한 이런 경쟁에 참여할 수 있다고 해도 학교의 교과 내용은 대체로 중류층 이상의 집단이 공유하고 있는 암묵적 제도, 달리 말하면 문화를 근거로 하고 있기 때문에 그 이하 계층의 자녀들은 학습에 어려움을 겪게 된다. 결국 사회체제가 역할의 담당자를 개인 내면의 능력에 근거해서 선발한다고 하지만, 그 능력이 형성되는 과정을 고려하면 그 선발은 개인 외부의 자본에 근거하는 셈이다. 그리고 이런 일이 여러 세대를 거치는 동안 반복됨으로써 경제자본 또는 문화자본을 상대적으로 더 많이 소유한 특정 집단의 사람들이 좀 더 많은 보상이 주어지는 특정한 역할을 독점적으로 수행하도록 하는 결과를 낳는다. 마찬가지로 이러한 자본을 소유하지 못한 집단의 사람들은 상대적으로 보상이 적게 주어지는 역할만을 대대로 수행하게 된다.

이것은 두 가지 점에서 사회체제가 하나의 전체로서 통합된 기능을 수행하는 데 저해 요인이 된다. 첫째는 역할의 담당자를 선정하는 데 있어서 지원자의 범위를 사전에 제한함으로써 좀 더 우수한 능력의 소유자를 선발할 수 있는 가능성을 스스로 제한한다는 점이다. 백 명의 지원자 중에서 한 사람을 선발하는 것보다 만 명의 지원자 중에서 한 사람을 선발하는 것이 더 우수한 능력의 소유자를 선발할 수 있다. 둘째는 한 사회체제 내에 별도의 집단이 가시적으로 형성되고, 그들이 사회체제를 유지하는 데 요구되는 기능을 수행하기보다는 별도의 집단을 유지하기 위해서 노력함으로써 집단 사이뿐만 아니라 집단과 사회체제 사이에 갈등이 발생하게 된다.

그런데, 이러한 선발 방식은 또 다른 방향에서 사회체제가 통합적으로 기능을 수행하는 데 장애를 겪게 한다.

첫째는 사람들이 학교의 교육을 통해서 교과를 학습했다고 해도 그것만으로는 사회체제 내에서 역할을 수행하는 데 요구되는 제도를 충분히 내면화하지는 못한다는 점이다. 그것은 학교에서 가르치는 교과는 역할과 관련된 모든 제도를 반영하지 못할 뿐만 아니라, 학교에서 교과를 가르치는 방식이 역할을 수행하는 데 필요한 암묵적인 제도를 학습하는 것을 어렵게 하거나 그와는 상반된 암묵적인 제도를 학습하도록 하기 때문이다. 앞서 언급한 것처럼 제도에는 명시적인 것뿐만 아니라 암묵적인 것도 있다. 사회체제 속에서 역할을 수행하는 데는 지식과 기술처럼 명시적인 제도를 내면화하는 것도 필요하지만, 타인과 조화를 이루면서 역할을 수행할 수 있는 암묵적인 제도를 내면화하는 일 또한 중요하다. 그렇지만 학교는 교과서에 기록된 교과내용처럼 명시적인 제도를 중심으로 가르치고, 경쟁체제를 토대로 개개인의 독립된 학력을 향상시키는 데 초점이 있다. 이런 학교의 체제 속에서 학생들은 역할에 필요한 부분적인 능력만을 형성하거나, 타인과의 조화와 협력보다는 경쟁을 우선시하는 암묵적 제도를 내면화한다.

둘째는 학교에서는 학생들이 명시적인 제도조차도 불완전하거나 왜곡된 방식으로 학습한다는 점이다. 학교에서의 교육은 교육과정 운영 방식에서 알 수 있는 것처럼 교실이라는 폐쇄적인 공간에서 수업시간이라는 제한된 시간 동안 지식을 학생에게 효율적으로 전달하는 방식으로 이루어진다. 그 과정에서 지식은 그것이 놓여있던 실제적 맥락을 상실하고 언어로서 추상화된다. 또한 학생이 지식을 학습했는지 여부는 지필평가 등에 의해서 정보를 기억하고 있는지 여부를 기준으로 판단된다. 그러나 정보를 기억하고 있다는 것이 지식을 알고 있다는 것을 보장하지는 않으며, 그것이 실제적인 맥락에서 떠나게 되면 그 의미를 상실하게 된다. 그럼에도 불구하고 학생들은 지식을 정보의 수준으로 기억하고, 학교는 그 기억을 학습한 것으로 간주한다. 그리고 그 기억의 내용이나 정도조차 숫자로서 환산된다. 그러나 우리는 그것을 두고 학습했다고 말할 수 없으며, 능력을 갖추었다고 말하기도 어렵다는 것을 안다. 오히려 이 과정에서 학생들은 지식과 학습 등에 관한 그릇된 인식만 가지게 될 뿐이다. 학습은 정보를 기억하는 일이며, 교육은 학생으로 하여금 정보를 효율적으로 기억할 수 있도록 하는 일이라고 생각하게 된다.

이로 인해서 학교에서 제도를 내면화하는 일은 부분적으로 이루어지고, 부분적으로 이루어지는 것마저 왜곡된 방식으로 이루어진다. 따라서 그런 학력을 가진 사람이 사회체제에서 역할을 맡아서 수행할 때는 여러 가지 어려움에 부딪힐 수밖에 없다. 그것은 결국 체제가 원만하게 통합적으로 기능을 수행하지 못함을 뜻한다. 이런 이유에서 많은 사람들이 학력(學歷 또는 學力)이 능력이 아니라고 말하고, 기업이나 직장 등에서는 대졸 신입사원이 일을 제대로 하지 못한다면서 대학을 비난한다. 그럼에도 불구하고 선발의 과정에서는 정보를 기억하는 것을 능력을 갖춘 것으로 인정하기 때문에 학교에서는 그런 선발에 적합한 방식으로 교육이 이루어진다. 즉 선발이 학교의 사회화를 지배하고, 사회화가 제한적으로 이루어지도록 하는 것이다.

사교육은 이러한 사회체제와 그 사회체제 속의 하위 체제인 학교체제에 근거해서 이루어진다. 사교육에 참여하는 사람들은 정보의 저장 여부를 수치화한 시험 점수와 학력(學力)을 동일시하고, 학력(學歷)을 학력(學力)과 동일시하고, 학력을 능력과 동일시하고, 능력에 따라서 사회적 역할이 주어지고, 역할에 따라서 보상이 달라진다는 것을 안다. 더 나은 보상을 받기 위해서는 더 높은 점수를 얻어야 한다는 것을 안다. 그리고 그 점수를 더 많이 받기 위해서 다양한 노력을 한다.

그 가운데 하나가 사교육이다. 이들이 사교육에 참여하는 일차적인 목적은 현재의 사회체제 속에서 보상이 좀 더 많이 주어지는 역할을 차지하는 것이다. 그들의 인식 속에서는 사회체제의 유지를 위해서는 제도에 따라서 역할을 담당할 적임자를 선발해야 한다는 점, 그 적임자는 제도를 충실히 내면화한 사람이어야 한다는 점, 점수는 적임자를 선발하기 위한 불가피한 선택이라는 것, 점수와 사회적 역할을 수행할 수 있는 능력 사이에는 엄청난 간극이 있다는 점 등은 큰 문제가 되지 않는다. 단지 그들이 주목하는 것은 보상이고, 그 보상을 얻는 데 필요한 점수이고, 높은 점수를 얻을 수 있는 방법이다.

사교육은 그 점수를 효율적으로 높일 수 있는 방법을 제공한다. 사교육의 제공자는 그것을 제공함으로써 이윤을 얻는다. 사교육에 참여하는 사람은 그가 수요자이건 제공자이건 그 점수가 사회체제 속에서 어떤 의미가 있는지, 그 의미를 구현하기 위해서는 교육이 어떻게 이루어져야 하는지 등은 고려하지 않는다. 사교육의 제공자들은 대체로 자신의 교수법과 교수 내용이 학생의 진정한 학습을 저해한다는 것을 알면서도, 또는 그런 사실을 모르는 채 점수를 얻는 요령을 가르치는 데 치중한다. 그렇지 않으면 수요가 생기지 않고 이윤을 남길 수 없기 때문이다. 그로 인해서 학생들은 대체로 사교육을 통해서 제도의 파편만을 내면화하지 않을 수 없다.

사교육의 이러한 속성은 공교육마저도 사교육화하게 만든다. 사교육은 한국의 사회체제에서 선발에 유리한 점수를 얻는 방법을 효율적으로 제공한다. 그 사교육을 수강한 학생들, 특히 유명 학원 강사로부터 수강한 학생들은 높은 점수를 얻고, 장차 큰 보상이 주어지는 역할을 담당할 수 있게 된다. 그에 비해서 학교에서만 공부한 학생들은 그 가능성이 낮아진다. 즉 사교육을 수강한 학생과의 경쟁에서 불리해진다. 그 뿐만 아니라 학교와 학교의 교사마저도 사교육과 학원의 강사에 비해서 저열한 것으로 인식된다.

학교는 이러한 사교육과의 경쟁에서 뒤처지지 않기 위해서 사교육과 유사한 방식으로 학생들을 가르친다. 지식 이면의 원리보다 문제풀이 요령을 알려주고, 3년에 학습해야 할 것을 2년 동안 주입하고, 새벽부터 밤늦도록 숨쉴 틈 없이 학생을 몰아붙이고, 학생들을 서로 경쟁하게 만든다. 그렇게 해서 유수의 대학에 많은 학생을 입학시킨 것을 업적으로 내세운다. 일부 학생과, 학부모와 동문들은 이것을 희망하고 권장한다. 나머지 다수의 학생들은 어쩔 수 없이 이 체제에 이끌려간다. 결국 사회체제 내에서 역할을 담당할 적임자를 양성하는 기관으로서의 공교육은 사라지고, 학생과 학부모 그리고 학교의 위신과 명망만을 위한 교육만 남는 것이다. 결국 공교육이 사교육에 종속되고, 부적절한 사회화는 더욱 심화된다.

또한 이러한 사교육은 기존의 사회체제를 유지하는 제도로부터 이탈하는 또 다른 암묵적 제도를 형성하고, 그러한 제도가 사회체제의 통합을 저해한다. 특정 집단의 사람들이 사교육을 통해서 큰 보상이 주어지는 역할을 차지하게 되면, 나머지 사람들도 그런 사교육에 동참하게 된다. 그리고 점차 다수의 사람들이 이러한 사교육과 사교육화된 공교육에 참여하는 과정에서 그런 현상 자체를 당연하게 여기게 되고, 그런 활동을 수행하는 것과 관련하여 암묵적 제도를 형성한다. 예를 들면, 학생들이 학원 수강을 위해서 학교 공부를 소홀히 하거나, 부모가 자녀의 시간과 생활을 엄격히 통제해서 공부기계로 만드는 것 등이 그것이다.

사교육과 관련된 이러한 암묵적 제도들은 기존의 사회체제를 구성하는 제도와 결합되어 있기도 하지만 이탈되어 있기도 한다. 그런 암묵적 제도들이 기존의 사회체제를 기반으로 한다는 점에서는 결합되어 있지만, 그것이 궁극적으로 사회통합을 지향하는 것이 아니며 사교육에 몰입할수록 사회통합을 저해한다는 점에는 이탈되어 있다고 볼 수 있다.

그런데, 이상과 같은 사회체제 속의 학교교육과 그것으로부터 파생된 사교육은 개인의 삶을 왜곡하기도 한다. 현재 한국 사회의 경우 사회적 역할은 한정되어 있는 데 비해서 평균 수명이 연장되고, 인구가 지속적으로 증가함으로서 역할을 둘러싼 경쟁은 시간이 지날수록 심화된다. 이런 상황 속에서 아직 사회적 역할을 갖지 못한 사람들, 특히 청소년들은 자신이 더 많은 능력을 가지고 있음을 보이기 위해서 더 많은 시간과 노력을 왜곡된 학습에 할애하고, 경쟁에서 이기는 데 필요한 능력의 지표를 확보하기 위해서 모든 삶을 할애한다. 때로는 자신의 소질이나 관심이나 희망을 무시한 채 더 나은 보상만을 추구하고, 자신의 개성은 유보하고 선발자가 제시하는 정답을 기계적으로 습득한다. 이 속에서 개인들은 설령

원하는 보상은 얻는다고 해도, 자신에게 주어진 역할이 자신의 소질이나 희망과 불일치함으로써 갈등을 겪기도 하고, 그것조차 얻지 못한 더 많은 사람들은 방황과 좌절 속에서 살아간다.

4. 사회 체제의 암묵적 기반

이상은 내가 한국 사회의 체제와, 그 체제를 유지하는 데 중요한 기능을 수행하는 학교체제, 그리고 그러한 체제로부터 파생된 사교육을 개괄적으로 파악한 것이다. 이것이 타당한지 여부는 이와 관련된 구체적인 사실들을 실증적인 조사를 통해서 확인해보아야 알 수 있을 것이다. 특히 다양한 형태의 사교육과 그의 연장선상에 있는 학교교육이 어떻게 이루어지는지 확인할 필요가 있다. 그런 것들이 아직 확인되지 않은 상태에서 제시된 이상의 내용은 잠정적인 가설일 뿐이다.

그렇지만, 많은 사람들이 이와 유사한 문제의식을 제기했으며, 정부가 그 문제를 해결하기 위해서 다양한 노력을 전개해왔다는 사실은 위의 가설이 근거 없는 것은 아니라는 점을 간접적으로 보여준다. 예를 들면, 과외 금지, 고교 평준화, 대학 입시제도 개선, 내신 성적의 강화, 특기적성교육과 방과후학교 확대, 보상교육 실시, 지역계층 균형 선발, 수행평가 등이 그 예다. 이런 다양한 노력들은 그것의 의도와 무관하게 교육의 문제를 해결하여, 교육이 사회통합에 긍정적으로 기능할 수 있도록 하기 위한 조치라고 볼 수 있다. 특히 학생들이 교육을 통해서 제도를 실질적으로 내면화함으로써 사회 체제 속의 역할을 적절히 수행하고, 그를 통해서 개인의 삶 또한 행복해지기를 바라는 조치라고 볼 수 있다.

그러나 불행하게도 이러한 정책들은 어느 것 하나 성공한 것이 없다. 오히려 그 정책들이 사태를 더 악화하거나, 또 다른 문제를 유발했다. 과외 금지 조치는 과외비를 인상시키고, 그로 인해서 경제 자본을 많이 가진 집단만이 사교육의 기회를 가지게 되었다. 고교 평준화는 입학을 위한 사교육 수요를 줄였지만, 입학 이후의 사교육 수요는 늘려놓았다. 수학능력시험은 학교의 교육과정은 분과형을 유지하고 교사의 역량이 준비되지 않은 상태에서 실시됨으로써 학원의 역할을 더 키워 놓았다. 내신 성적의 강화는 성적 부풀리기를 초래했다. 특기적성교육이나 방과후학교는 보충수업으로 전락했다. 수행평가는 교사의 업무가 경감되지 않은 상태에서 실시됨으로써 또 다른 획일적 평가로 머물렀다. 최근 들어서는 학생들의 학력을 제고하고, 그것을 통해서 국가 경쟁력을 높인다는 명분하에 특수목적고등학교를 비롯하여 우수한 학교를 집중 육성하려고 한다. 거기에다가 학교의 성적을 공개하고, 학생이 학교를 선택하도록 하려고 한다. 이것은 결국 사교육의 수요를 확장시키고, 공교육마저 공개적으로 사교육으로 전환시키며, 사회화가 더욱 파편적으로 이루어지도록 만들 것이다.

이처럼 한국 사회의 체제 속에서 발생하는 사교육, 더 나아가서는 학교교육의 문제를 해결하기 위해서 추진된 여러 정책들이 문제를 제대로 해결하지 못하거나 또 다른 문제를 유발하는 것은, 정책 자체가 잘못 입안되었거나 정책 집행 과정에 오류가 있기 때문일 수도 있다. 그렇지만 근본적으로는 사회체제와 그것의 하위체제인 학교체제가 그러한 문제를 유발하기 때문이다. 현재의 사회체제와 학교체제를 유지한 상태에서 이루어지는 해결책은 문제를 해결할 수 없을 뿐만 아니라 또 다른 문제를 낳지 않을 수 없다.

이러한 문제를 근본적으로 해결하기 위해서는 사회체제 또는 학교체제가 전환되어야 한다. 그 사회체제란 기능에 따라서 개인과 집단을 구분하고, 상이한 보상을 통해서 역할을 담당하게 하고, 점수화된 학력에 근거해서 역할의 담당자를 선발하고, 공학적인 방식으로 학생들에게 제도를 내면화하는 학교의 교육 방식을 뜻한다. 이것은 사회를 기능적 통합체로 보는 관점에서는 불가피한 일이며, 사교육과 관련된 한국 사회의 문제는 기능주의 사회학이 필연적으로 안고 있는 문제라고 말하지 않을 수 없다. 특히 기능주의 사회학에서는 학교가 통합을 위한 기구로서 출발하였지만, 역할과 자원이 한정된 한국사회에서는 욕구를 가진 개인들이 보상을 얻기 위한 수단으로써 이용함으로써 사회 분화의 통로가 되어가고 있다.

이러한 사회체제는 권력, 부, 명예 등을 가치롭게 여기는 좀 더 심층적이고 암묵적인 사회 제도를 기반으로 하고 있다. 즉, 사람들이 역할에는 의무와 책임이 따름에도 불구하고 그것을 차지하려고 하는 것은 보상으로 주어지는 권력, 부, 명예 등이 상대적으로 더 크기 때문이다. 그것이 행복하게 살아가는 데 중요하다고 생각하기 때문이다. 만일 보상이 상대적으로 적거나, 무가치한 것으로 여긴다면 많은 사람들이 경쟁적으로 사교육 등에 참여하지 않을 것이다.

이처럼 한국 사회의 교육과 사교육의 문제가 사회체제와 학교체제 그리고 그것을 가능하게 하는 암묵적 제도로부터 발생한 문제라면, 이 문제를 해결하는 방안 역시 사회체제와 학교체제 또는 사회를 유지하는 암묵적 제도의 전환에서 찾아야 할 것이다. 즉 기능적으로 분화되고 동시에 통합된 사회체제를 다른 형태로 전환하거나, 학교체제를 전환하거나, 행복한 삶의 근거가 되는 암묵적 제도를 전환하는 것이다.

그러나 이것은 어느 것 하나 쉬운 일이 아니다. 어느 사회건 규모가 커지게 되면 기능적 분화의 과정을 거치지 않을 수 없으며, 그에 따른 양성과 선발의 역할 또한 요구되게 된다. 대규모 사회를 유지한 채 기능적으로 분화되고 통합된 사회를 다른 형태의 사회체제로 전환하는 것은 불가능하다. 사회체제만의 전환을 통해서 문제를 해결하려는 시도는 효과적이지 못하다는 것을 공산국가의 실험을 통해서 알 수 있기도 하다. 그렇다고 해서 사회의 규모를 작게 할 수도 없다. 현재와 같이 국가 간의 경쟁과 갈등이 첨예한 상황에서 사회의 규모를 축소하는 것은 생존을 위태롭게 하기도 한다.

지난 정부에서는 체제는 그대로 두고 부분적이기는 하지만 체제의 내용 또는 제도를 바꾸려고 시도했다. 서민과 노동자를 위한 정책을 추진하고 그에 요구되는 법률을 개정하는 일 등이 그것이다. 그렇지만 이것 역시 그리 성공적이지 못했다. 기능적 사회체제를 유지하는 가운데 학교체제를 전환하는 일 역시 쉽지 않다. 한국사회의 경우 현재와 같은 공학적이고 양적인 학교체제가 정착되기까지는 100년 이상의 시간이 소요되었으며, 그것을 예술적이고 질적인 학교체제로 전환하기 위해서는 단순히 학교의 명시적인 제도만 바꾸어서는 안 된다.

결국, 구성원의 사고가 전환되어야 한다. 그것은 결국 학교체제를 유지하는 암묵적인 제도가 바뀌는 것을 의미한다. 그것은 적어도 한 세대는 지나야 가능한 일이다. 그것도 원만하게 진행될 경우의 얘기다. 권력, 부, 명예를 가치롭게 여기는 암묵적인 사회 제도를 전환하는 일은 더 어렵다. 그것은 인간의 본능에 가까운 것이기 때문이다. 그것을 일시적으로 외면하거나 억압할 수는 있지만 지속적으로 외면하고 억압하기는 쉽지 않다.

5. 대안적 접근의 모색

이런 점들을 고려하면 현재 한국 사회가 당면하고 있는 교육의 문제는 해결 방안이 거의 없는 것처럼 보인다. 그렇지만, 그것은 현재의 나의 관점에서 볼 때만 그렇다고 말할 수도 있다. 만일 현재 한국 사회의 교육을 다른 관점에서 보게 된다면, 또는 한국 사회의 교육을 바라보는 다른 관점을 가질 수 있게 된다면, 거기서 다른 모습을 찾아서 볼 수도 있고, 그것에 근거해서 또 다른 해결의 방안을 모색해볼 수도 있을 것이다. 그 점에서 교육사회학과 관련된 다른 연구자들의 논의를 살펴보는 것은 의의가 있다. 우리는 그 한 사례로서 사럽(Madan Sarup)의 논의를 살펴볼 것이다. 비록 그는 1970년 전후의 영국 교육, 특히 교육내용의 정당성 문제와 관련해서 논의하지만, 그의 논의의 관점과 방식은 현재 한국 사회의 교육의 문제를 바라보는 데 시사하는 바가 있을 것이다.

사럽은 그의 책 "마르크스주의와 교육이론(*Marxism and Education*, 1978)에서 영(Michael F. D. Young)의 주장을 받아들여, 기존의 교육사회학 논의가 기능주의 사회학의 관점에서 주로 이루어짐으로 인해서 교육을 통한 사회 질서의 형성 또는 사회 통합의 문제에만 관심을 가져왔음을 지적한다. 기존의 교육사회학 논의가 교육을 통해서 사회의 질서를 구축하고 사회를 통합할 수 있는 방안을 모색하거나, 거기에 장애가 되는 원인을 찾아서 설명하는 데 치중해왔다는 것이다. 예를 들면 계층이나 집단별로 학업성적이 차이나는 원인이나, 그 차이를 해결할 수 있는 방안을 모색하는 것 등이다. 그로 인해서 사회의 질서를 구축하거나 통합하는 데 요구되는 교육의 내용이 정당한지 여부는 문제 삼지 않게 되었다. 특히 학교에서 가르치는 교육과정은 지배적인 집단이 가지고 있는 교육받은 사람에 관한 관념에 따라서 규정되므로, 사회의 질서나 통합을 중심에 둔 교육사회학의 논의는 기존의 정치질서를 간접적으로 정당화할 우려가 있음을 지적한다(Sarup, 1978/1987: 15-16).

이에 대해서 사럽은 영의 주장에 따라서 학교에서 가르치고 있는 지식은 절대적이거나 임의적인 것이 아니라 사회적으로 구성된 것으로 보아야 한다고 주장한다. 영에 따르면, 그 지식들은 연구집단이 공유하고 있는 의미의 체계에 기초해서 타당한 것으로 간주된 것이다. 그럼에도 불구하고, 교사들은 이러한 의미의 체계에 부합하는 것은 올바른 것으로, 그렇지 않은 것은 그릇된 것으로 간주한다. 그렇게 함으로써 한편으로는 기존의 지식을 정당화하고 유지하며, 다른 한편으로는 다른 지식의 가능성을 부정한다. 교사와 학생 사이의 상호작용은 교사가 당연시하고 있는 의미체계의 산물인 것이다. 즉, 지식과 교육은 모두 인간에 의해서 만들어진 것이다. 이런 이유에서 사럽은 왜 어떻게 해서 특정 집단의 지식 또는 의미체계가 더 우월한 것으로 정당화되고, 학교의 교육과정으로 자리잡게 되는지, 그 지식에 접근하는 것은 어떻게 이루어지는지 등을 권력구조와 관련해서 살펴보고, 그것이 사회의 계층화와 어떻게 관련되

어 있는지 확인할 필요가 있음을 제시한다.(Sarup, 1978/1987: 17-18)

그리고 이러한 것을 살펴보고 확인하기 위해서는 다음과 같은 점들을 고려할 필요가 있음을 제안한다.(Sarup, 1978/1987: 20-24)

첫째, 교육의 현실을 이론적인 관점에서 바라보아야 한다. 기존의 전통적인 교육사회학은 상식을 정교화한 것이다. 즉 기존의 교육사회학은 상식에 기반해서 현상을 바라보고 처방을 제시해왔다. 따라서 그것이 제시하는 설명이나 처방은 상식의 범위를 넘어설 수 없고, 상식을 넘어설 수 없기 때문에 문제의 해결이 불가능하다. 따라서 상식이 아닌 관점, 상식을 뛰어넘는 관점으로 현실을 바라볼 수 있어야 한다. 그것이 이론적인 관점이다.

둘째, 당연한 것으로 여겨지는 것에 대해 의문을 제기해야 한다. 교육의 문제를 바라보는 데 있어서 현재 우리가 옳다고 여기는 것, 예를 들면 과학적인 것, 합리적인 것, 유아기, 학생 등과 같은 개념들을 문제시할 필요가 있다. 그것은 특정 집단 사람들의 의미체계에서 타당한 것이기 때문이다. 그러기 위해서는 현재 우리의 자연적인 태도를 유보할 필요가 있다. 그렇게 하는 데 현상학과 문화인류학의 접근법이 유용하다. 현상학은 현상학적 환원을 통해서 사물의 본질을 바라보도록 하며, 문화인류학은 타문화권 사람들의 눈을 통하여 세계를 질서지우는 또 다른 방식이 있다는 것을 알게 한다. 우리는 이런 작업을 통해서 자신의 눈을 되돌아보고 당연히 여겨오던 것을 다시 살펴보게 된다.

셋째, 행위자의 관점을 받아들여야 한다. 지식이 사회적으로 구성되고, 학교에서 가르쳐지는 지식은 특정 집단의 의미체계로부터 비롯된 것이며, 세계를 질서지우는 또 다른 방식이 있다는 것을 알기 위해서는 또 다른 방식으로 살아가는 그들의 의미체계를 받아들여야 한다. 그리고 그것에 비추어서 자신의 눈을 되돌아보고 당연시 여겨오던 것을 다시 살펴보아야 한다.

넷째, 사실보다 의미에 주목해야 한다. 지식이 사회적으로 구성된다는 것은 지식이 외부의 실재를 직접 반영하는 것이 아니라, 사람이 외부의 사물이나 현상에 의미를 부여하고, 그것이 공유됨으로써 지식이 구성된다는 것을 뜻한다. 그래서 무지개가 서양인에게는 일곱 색으로 인식되고, 동양인에게는 다섯 색으로 인식된다. 이처럼 지식이 사회적으로 구성된다는 것은 인식의 과정에는 해석의 과정이 존재한다는 것을 뜻하기도 한다. 사실이 논의되기 위해서는 그것이 의미를 지녀야 하며, 의미를 지닌다는 것은 해석된다는 것을 뜻하기 때문이다. 인간은 해석된 것만을 말하고 논의할 수 있다. 결국 실재는 외부에 별도로 존재하는 것이 아니며, 설령 그것이 있다고 해도 우리는 알 수 없다. 이런 이유에서 우리는 사실이 무엇인가보다는 그것이 어떤 의미가 있으며, 그 의미는 누구에 의해서 어떻게 형성되는지에 주목해야 한다. 또한 인간을 그러한 의미 형성의 주체, 또는 지식과 실재를 창조하는 주체로서 바라보아야 한다. 이것은 인식에 있어서의 실재론과 실증주의, 그리고 객관주의를 배격하는 것이다.

다섯째, 어떻게 왜 서구의 학문적 표준이 절대적인 것으로 간주되고 있는지 탐구해야 한다. 지식이 사회적으로 구성된 것이라고 하면, 각각의 지식은 그것을 구성해낸 사회 속에서 나름대로의 타당성을 가지고 있다고 보아야 한다. 그렇다고 해서 모든 지식이 동일한 가치를 지니고, 동등하게 허용되어야 하는 것은 아니다. 그럼에도 불구하고 현재의 사회에서는 특정한 지식, 예를 들면 실증적이고 객관성을 추구하는 지식이 지배적인 위치를 차지하고 있다. 이런 사실은 두 가지 과제를 부과한다. 하나는 지식은 사회적으로 구성된다는 지식, 즉 해석주의와 주관주의가 어째서 더 타당한지를 타당한 근거를 가지고 알리는 일이고, 다른 하나는 어떻게 해서 현재의 객관적이고 실증적인 지식이 지배적인 위치에 이르게 되었는지를 파악하는 것이다. 이 후자의 작업은 전자의 작업을 위해서 도움이 될 것이다.

6. 해석주의 교육사회학

기존의 교육사회학에 대한 비판과 이후의 교육사회학이 수행해야 할 과제, 그리고 그 접근 방식에 대한 이상의 지적은, 최근 들어서 한국 사회에서 역사 교과서의 내용 등을 두고 전개되는 논쟁을 바라보는 데도 시사를 제공한다. 정권이 바뀔 때마다 교과서의 내용이 바뀐다는 사실 자체가 교과의 내용이 절대적이거나 객관적이지 않다는 점을 의미한다. 그러나 현재 우리 사회가 당면하고 있는 교육의 문제는 일부 교과의 내용에만 한정되지 않는다. 앞서 지적했듯이 기능주의 사회체제와, 그것의 하위체제로서의 학교체제, 그리고 그러한 체제를 운영 가능하게 하는 암묵적 제도와 관련되어 있다. 이런 체제를 유지하는 가운데 교과의 내용만을 바꾸는 것은 무의미하다. 우리는 교과서 내용 이상의 문제를 고민해야 한다.

따라서 우리는 그러한 체제가 무엇이고 어떻게 운영되는지를 구체적으로 파악할 필요가 있으며, 그것을 파악하는 데는 사럽이 제시한 다섯 가지 접근은 교과의 내용이 아니라 체제에 적용할 필요가 있다. 즉 체제와 관련해서 우리가 지금까지 당연한 것으로 여겨왔던 것에 의문을 제기하고, 체제 내에서 살아가는 사람들의 관점에서 체제를 바라보고, 사람들이 그 체제와 제도와 역할 등에 어떤 의미를 부여하고 어떻게 살아가는지, 현재와 같은 체제가 어떻게 왜 자리잡게 되었는지 등을 문화인류학이나 현상학의 탐구 방법을 적용하여 살펴볼 필요가 있다. 이 일 자체가 현재 한국 사회의 교육 현실을 바라보는 한 가지 접근이 될 수 있을 것이다. 그리고 그러한 결과를 토대로 사교육을 포함한 교육의 문제가 어떤 방향으로 어떻게 해결되는 것이 적합한지에 관한 시사도 얻을 수 있을 것이다. 아니, 그렇게 되기를 바란다.

제2장

현상학적 접근의 가능성

CHAPTER 2

현상학적 접근의 가능성[1)]

1. 명시적 제도의 암묵적 기반: 공학주의와 과학주의

한국의 학교체제는 헌법과 교육법 그리고 교육과정 등과 같은 제도에 의해서 유지되고 운영되고 있다. 헌법에서는 국민들에게 근로, 병역, 납세의 의무와 함께 교육의 의무를 부과한다. 국민들은 근로의 의무에 따라서 사회적 역할을 담당해야 하며, 교육의 의무에 따라서 사회적 역할을 담당하는 데 필요한 제도를 내면화해야 한다. 교육법은 학교교육을 비롯한 다양한 교육활동이 어떻게 이루어져야하는지를 규정하고, 교육과정은 학교에서 학생들에게 무엇을 어떻게 가르쳐야 하는지를 규정한다. 이와 같은 제도들은 교육활동에 참여하거나 담당하는 사람들에게 교육활동을 어떻게 수행해야 하는지를 문서 등에 의해서 명시적으로 지시한다는 점에서 명시적인 제도라고 볼 수 있다.

그런데 이런 명시적 제도들이 역할 담당자의 행위로 나타나기 위해서는 사람들이 그 제도를 내면화해야하고, 그것을 내면화하기 위해서는 그 제도가 의미하는 바를 이해해야 할 뿐만 아니라 타당하고 효과적이라는 것을 인정할 수 있어야 한다. 즉 그 제도가 사람들에게 타당하고 효과적인 것으로 받아들여져야 한다. 그리고 사람

1) 이 글은 "현상학의 가능성과 과제"(2008년 가을 서울대학교 사범대학 교육사회 강의 중에 학생들에게 안내한 글, 2008년 10월 6일)를 일부 수정한 것이다.

들이 명시적 제도를 타당하고 효과적인 것으로 받아들일 수 있기 위해서는 그 여부를 판단할 수 있는 준거를 공유하고 있어야 한다. 이 준거는 명시적 제도와 달리 사회적 역할을 명시적이고 직접적으로 규정하지는 않는다. 그렇지만, 명시적 제도의 존재 기반으로서 사람들의 행위를 간접적으로 규정한다. 그 점에서 암묵적 제도라고 말할 수 있다. 그렇다면 현재 우리나라의 학교 체제에서 암묵적이고 간접적인 제도에 해당하는 것은 무엇인가? 아마도 그것은 공학주의와 과학주의일 것이다.

학교는 학교의 교육활동을 통해서 비사회적 존재인 아동을 사회적인 존재로 만들어야 하는 목표가 외부로부터 주어져 있다. 학교의 사회적인 역할은 그 목표를 달성하는 일이다. 학교는 그 목표를 달성하기 위해서 교육법과 교육과정에 따라서 시설과 인력 그리고 자원을 조직하여 운영한다. 교사들은 연간 진도계획을 세우고, 요일별로 시간표를 만들고, 수업을 미리 설계하고, 진도 계획과 시간표와 설계에 따라서 수업을 해 나간다.

이런 학교체제 내에서 수업은 공장에서 물건을 생산하는 공정과 유사하다. 공장은 생산하고자 하는 목표를 분명히 설정하고, 그 목표를 달성하기 위한 공정을 설계하여 제작하고, 작동함으로써 목표로 한 것을 생산한다. 그리고 그 생산의 결과는 균일해야 한다. 그것이 좋은 공정이다. 마찬가지로 학교의 수업도 공장의 공정처럼 설계된대로 운영되어서 학생들에게서 목표로 한 결과를 이끌어내야 하고, 모든 학생들이 동일한 학습 목표에 도달할 수 있도록 해야 한다. 그것이 좋은 수업이다.

그러기 위해서 교사는 목표를 확인하고, 목표에 도달하기 위한 수업을 체제적으로 설계하고, 그 설계된 프로그램에 따라서 수업을 진행하고, 학생이 목표에 도달했는지 여부를 평가한다. 이 속에서 교사는 일종의 설계자이고, 통제자이고, 조작자이고, 평가자다. 학생들은 학교 또는 교사가 설계한 공정에 투입되어서 목표한 대로 변화되는 일종의 재료다. 공장의 공정을 통해서 균일한 물건이 생산되기 위해서는 재료가 균일해야 하는 것과 마찬가지로, 학교에서도 학생들이 모두 동일한 것으로 '간주'된다. 학생에 따라서 학습의 수준이나 속도나 성격이 다를 수 있음은 인정되지 않는다. 그래서 일정한 시간이 지나면 거의 모든 학생들이 상급학년이나 상급학교로 자동 진급한다. 학생들이 실제로 학습했는지 여부는 고려하지 않는다.

그렇지만, 우리는 학생들이 학교에 출석했다고 해서 모두가 학습한 것은 아니라는 것을 안다. 모두가 학습했다고 해도 동일한 것을 학습하지 않는다는 것을 안다. 수업이 항상 계획한대로 이루어지는 것은 아니라는 것을 안다. 그럼에도 불구하고 우리는 학교에서 수업이 공장의 공정처럼 이루어지는 것을 정당한 것으로 인정한다. 학생들의 학습 수준이나 속도에 따라서 학습의 내용과 수준을 달리하거나, 진급의 속도를 달리하면 그것을 오히려 문제 삼는다.

그것은 우리가 공학주의 사고를 공유하기 때문이다. 인간이 수행하는 활동은 반드시 목표가 있어야 하고, 그 목표를 효율적으로 달성하기 위해서는 일련의 활동을 체계적으로 수행해야 한다는 사고를 공유하기 때문이다. 특히 교육은, 목수가 나무를 조작하여 책상으로 만드는 활동과 마찬가지로, 인간을 체계적으로 조작하여 목표한 바대로의 인간으로 만드는 일이라는 사고를 공유하기 때문이다.

이런 사고 속에서 사람으로서의 학생은 공장의 재료와 마찬가지로 사물로서 간주될 수밖에 없으며, 사물로서 간주되기 때문에 서로 다른 다양한 학생들이 동일한 것으로 취급될 수 있고, 하나의 수업을 통해서 모든 학생들이 동일한 학습의 결과를 얻기를 기대할 수 있다.

이러한 공학주의는 과학주의를 기반으로 하고 있다. 과학은 현상의 인과적 법칙을 발견함으로써, 그것을 설명하거나 예측하는 것을 목적으로 한다. 간단히 말하면, 과학은 현상을 인과적 관련에 주목해서 파악한다. 이 때, 현상을 설명하거나 예측한다는 것은 현상을 조작할 수 있다는 것을 뜻하기도 한다. 인과적 법칙에 의해서 현상을 설명하거나 예측할 수 있다면, 그 원인의 자리에 인간의 조작행위를 위치시켜서 현상을 발생하게 하는 원인을 부여하거나 제거함으로써 원하는 현상을 나타나도록 하거나 나타나지 않도록 할 수 있다. 즉, 공학은 과학을 전제로 하고, 과학은 공학을 함의하는 것이다. 그리고 이러한 과학은 다음과 같은 몇 가지 사고를 전제로 해서 성립한다.

첫째, 어떤 현상이 발생할 때는 그런 현상을 불러일으키도록 하는 외부의 원인이 존재한다. 예를 들면, 유리가 깨지는 현상은 외부의 물리적 힘이 가해지기 때문에 발생하는 것이다.

둘째, 어떤 현상을 드러내는 그것은 외부의 자극에 대하여 수동적으로 반응하는 존재다. 예를 들면, 유리는 외부로부터 물리적인 힘이 주어질 때만 깨지게 된다.

셋째, 현상의 인과적 법칙을 비롯하여 사실은 그 자체로서 실재한다(실재론). 예를 들면, 유리가 물리적 압력을 받으면 깨지는 현상은 인간이 그것을 알아내기 이전부터 이미 존재하고 있다.

넷째, 안다는 것은 외부에 이미 존재하는 사실을 오감을 통해서 경험적으로 지각하는 것이다(경험주의). 예를 들면, 우리는 보고, 듣고, 만짐으로써 유리가 외부로부터 힘을 받음으로써 깨진다는 것을 알게 된다.

다섯째, 현상을 파악하는 데 있어서 관찰자는 현상으로부터 분리되어 있으며, 현상에 아무런 영향도 미치지 않는다(객관주의). 예를 들면, 유리가 돌맹이에 맞아서 깨지는 현상과 그 현상을 관찰하는 일은 별개의 일이며, 관찰행위는 유리가 깨지는 데 아무런 영향을 미치지 않는다.

여섯째, 현상은 관찰자로부터 분리되어 있으므로, 그것을 파악하기 위해서는 방법을 사용하지 않을 수 없으며, 방법이 정교할수록 그것에 의해서 알아낸 사실 역시 정확하고 엄밀하다(방법주의). 예를 들면, 일정한 모양과 면적과 강도와 두께를 가진 유리판에 어느 정도의 힘을 외부로부터 가했을 때 깨지는지를 정교하게 측정하여 알아낸 사실이 단순히 육안으로 관찰하여 알아낸 사실보다 더욱 정확하다.

일곱째, 알아낸 사실의 옳고 그름은 실재하는 그것에 비추어서 판단할 수 있다(실증주의). 예를 들면, 유리가 깨지는 것은 외부로부터 힘을 받기 때문이라는 진술이 참인지 여부는 유리가 깨지는 현상에 비추어 보아서 확인할 수 있다.

여덟째, 현상의 발생이나 존재, 그리고 그것을 알아내는 것과 관련된 이러한 사고는 인간의 행위를 설명하는 데도 동일하게 적용될 수 있다(환원주의). 예를 들면, 유리가 외부로부터 물리적 압력을 받으면 깨지는 것과 마찬가지로, 인간도 타인으로부터 물리적 자극을 받으면 감정이 폭발하여 그것이 상대에 대한 공격으로 나타난다는 것이다.

과학주의는 위와 같은 사고를 전제로 하는 가운데 현상을 인과론적으로 파악하고, 공학주의는 이러한 과학주의를 전제로 하여 성립한다. 따라서 공학주의 역시 위와 같은 사고를 전제로 하고 있다고 보지 않을 수 없다. 실제로 모든 공학적 활동은 사물을 그 대상으로 삼거나, 대상을 사물로 간주한다. 그 사물은 외부로부터의 특정한 자극에 대하여 특정한 방식으로 반응하며, 그러한 자극에 대한 반응의 법칙, 즉 인과적 법칙을 정교한 조작 행위로 전환한 것이 공학적 행위다. 그리고 공학적 행위의 적절성 여부는 그것이 목표로 한 결과를 얻어내는가 여부에 의해서 판단된다. 학교에서 수업을 체계적으로 설계하고, 설계에 따라서 운영하고, 목표에 비추어서 학생을 평가하는 것 역시 이러한 공학적 행위에 해당한다.

2. 현상학의 도전

그런데 현상학(phenomenology)은 과학주의의 이러 사고를 정면으로 부정한다. 특히 인간의 행위를 설명하는 데에 과학주의는 전혀 적용될 수 없음을 강조한다. 현상학은 독일의 철학자 훗설(E. Husserl, 1859-1938)로부터 비롯되었다. 훗설은 데카르트(R. Descartes, 1596-1650)가 그러했던 것처럼 엄밀한 학으로서의 철학을 추구했다. 그렇지만 그는 데카르트와는 다른 방식으로 엄밀한 철학을 정립하려고 했다.

잘 알려져있다시피 데카르트는 방법적 회의를 통해서 그동안 옳다고 믿어왔던 지식들을 모두 의심하여 부정하고, 도저히 의심할 수 없는 사실에 근거하여 철학을 정립하고자 했다. 그는 감각의 불완전성에 근거해서 감각적 지각에 의해서 얻은 특수 지식들을 부정하고, 특수 지식들로부터 일반적 속성을 추상해낸 일반지식은 감각적 지각을 토대로 한다는 점에서 부정하고, 수학적 공리와 같이 우리가 보편적 지식이라고 믿는 것도 악마의 조종에 의한 것일 수도 있다는 점을 들어서 부정한다. 그럼에도 불구하고 그는 자신이 의심하고 있다는 사실만큼은 부정할 수 없다는 점을 인정한다. 그 의심할 수 없는 사실이 바로 "나는 생각한다. 고로 존재한다(Cogito, ergo sum)"이다. 데카르트는 의심하는 것보다 인식하는 것이 더 완전한 것이며, 이 완전한 것은 불완전한 존재로부터 나올 수 없고 완전한 존재로부터 온 것이라는 점에서 신이 존재함을 알 수 있다고 본다. 그리고 그 신은 자연 속에 확고한 법칙을 세우고, 자연은 그 법칙에 따라서 움직인다고 보았다.

사럽(Sarup, 1978/1987)에 따르면, 이처럼 인간의 인식을 세계로부터 분리시키고, 인간의 인식을 세계의 중심에 위치시키는 시도는 고대 희랍의 플라톤 사상에 그 연원을 두고 있다. 플라톤은 변화하는 것들 속에서 변화하지 않는 채로 보편적으로 존재하는 것을 찾고자 했으며, 그것을 이데아(idea)라고 불렀다. 그리고 그 이데아는 인간의 이성(reason)에 의해서 파악할 수 있는 것으로 보았다. 특히 인간의 이성은 사물로부터 거리를 둔 채 이론(theoria)에 의해서 현상을 바라볼 때 실재를 파악할 수 있다고 보았다. 이런 이유에서 서구에서는 플라톤 이래로 이성을 감성이나 직관보다 우위에 두고,

이성 중심의 사고를 해왔다. 그러한 이성 중심 사고의 정점이 바로 데카르트의 "Cogito, ergo sum"이며, 그것을 체계적으로 구현한 것이 합리주의 철학과 과학인 것이다(Sarup, 1978/1987: 41).

이에 대해서 훗설은 데카르트가 방법적 회의를 통해서 엄밀한 학으로서의 철학의 토대를 추구한 것은 바람직하지만, 그 방법이 적절하지 못하다고 보았다. 그는 인간의 의식은 데카르트가 주장한 바와 같이 외계와는 독립된 채로 존재하는 것이 아니라 무엇인가를 지향하는 가운데 존재한다고 보았다. 즉 인간의 의식은 의식작용(noesis)이 무엇인가를 대상으로서(noema) 의식함으로써 성립한다. 따라서 엄밀한 학으로서의 철학의 토대는 의식작용과 의식대상이 서로 관련된 것으로서의 의식에서 찾아야 한다고 보았다.

그런데 인간의 일상적인 의식은 과학의 이론이나 개념 등과 같은 선입견이나 편견에 좌우되므로 엄밀한 학으로서 토대가 되지 못한다고 보았다. 그런 이유에서 그는 판단중지(epoche)와 같은 현상학적 환원(phenomenological reduction)에 의해서 선입견을 제거함으로써 의식에 직접적으로 주어지는 것을 철학의 기본 자료로 삼고자 했다. 그는 그것을 현상(現象, phenomena)이라고 불렀다. 또한 그는 형상적 환원(eidetic reduction)에 의해서 개별 현상들에 보편적으로 존재하는 본질을 찾아서 관념적으로 의미화(ideation)하고자 했다.[2] 그리고 선험적 환원(transcendental reduction)에 의해서

2) 고대 그리스인들은 사물이 형상(形象, eidos)과 질료(質料, hylē)로 구성된다고 보았다. 에이도스(eidos)는 본다는 뜻의 동사 이데인(idein)에서 파생된 말이다. 이것은 본래 보여진 모양, 모습을 의미한다. 이것은 사물이 '무엇인가'를 규정하고 사물을 현재 있는 그대로의 것으로서 존재하게 하는 원인이다. 예를 들면, 아폴론 조각상에서 아폴론의 모습이 형상에 해당한다. 힐레(hylē)는 형상 안에서 그 형상을 실현하고 있는 재질이다. 아폴론 조각상에서 돌이나 청

개별 현상들에 관한 의식과 개별 현상들의 보편적 본질에 관한 의식 등에 일관되게 존재하는 불변의 관념적 의식, 즉 선험적 자아(transcendental ego)를 찾고자 했다. 이렇게 함으로써 그는 의식의 본질과 의식의 근원을 탐구하고자 한 것이다.

그리고 그는 선험적 자아가 생활세계(life world)에 기반하고 있음을 밝힘으로써 그가 현상학의 방법에 의해서 탐구하고자 한 의식의 본질이나 근원이 유아론적이지 않음을 강조했다. 그에 따르면, 생활세계는 이론이나 개념에 의해서 파악되기 이전의 일상적인 원초적 경험의 세계다. 이 세계는 개념화되거나 이론화되지 않았다는 점에서 전이론적이고 주관적이고 상대적인 세계이며, 원초적 경험의 세계라는 점에서 과학의 의미 기반인 세계이다. 따라서 의식의 근원은 생활세계이고, 현상이란 생활세계 속에서 체험한 것이다. 현상학은 그 체험의 본질을 탐구한다. 그러므로 철학이 탐구해야할 세계는 과학이나 이론 등에 의해서 추상화되고 객관화된 세계가 아니라 원초적이고 주관적인 생활세계이며, 생활세계 속에서 개인들이 주관적으로 체험하는 것의 본질적인 의미다.

현상학의 이러한 관점에서 보면 과학주의는 인간의 행위와 삶을 부적절하게 파악하고 있다. 그것은 과학주의가 사물의 존재와 사물에 관한 인간의 인식을 그릇되게 파악함으로써 발생한다. 사물은 데카르트가 주장한 것처럼 의식으로부터 분리되어서 존재하지 않으며, 인간의 의식 역시 외부의 사물과 무관하게 독립적으로 존재하지 않는다. 특히 인간의 행위는 외부의 자극에 대한 반응으로서

동이 질료에 해당한다.

나타나는 것이 아니라, 생활세계 속에서 무엇인가에 관한 의식의 지향으로서 나타난다. 따라서 인간의 행위는 인과적으로 설명되기보다는 그 의식의 지향과 관련하여 이해되어야 한다. 그리고 이런 점에 비추어보면, 과학주의를 토대로 하고 있는 공학주의와, 공학주의를 토대로 하고 있는 학교체제 역시 인간의 삶의 방식으로서는 적절하지 않다.

현상학자들은 이런 문제의식에 기초해서 과학주의와 공학주의가 지배하고 있는 근대사회를 근본적으로 비판하고, 새로운 삶의 가능성을 모색하고자 했다. 그 대표적인 경우가 사르트르(J. P. Sartre, 1905-1980)다. 그는 인간에게 의식이 주어져있다는 것은 자유가 주어져있다는 것을 의미한다고 주장했다. 그는 인간을 사물과 같이 타인에 의해서 조종되면서 살아가는 즉자적 존재(Being-in-itself), 타인의 기대대로만 살아가는 대타적 존재(Being-for-others), 자신의 결핍을 인식하고 가능성을 실현하고자 살아가는 대자적 존재(Being-for-itself)로 구분하고, 대자적 존재로서의 인간은 자신의 자유 의지에 따라서 세상을 선택해서 바라보고 자신이 되고자 하는 바에 따라서 자신의 본질을 창조해나간다고 보았다.

특히 인간은 상황을 도저히 견딜 수 없는 것으로 바라보고 그것을 변화시킬 수 있는 것으로 인식할 때 행위를 통하여 상황을 바꾸어 나간다. 이 과정에서 상황을 극복되어야 하고 바꿀 수 있는 것으로 인식하는 것이 중요하다고 보았다. 즉 사르트르는 인간은 외부의 자극에 수동적으로 반응하는 존재가 아니라 오히려 자유 의지에 따라서 상황을 적극적으로 바꾸어 갈 수 있는 존재이며, 그러한 존재적 특징을 갖게 하는 것이 의식이라고 본 것이다. 그리고 그는 여기에 덧붙여서 인간이 상황을 바꾸어 나간다는 것은 단순히 상황을 다르게 인식하는 것만이 아니라, 그 상황을 구성하는 조건을 변화해가는 것을 포함한다고 보았다. 그 조건 가운데 핵심은 계급이다. 그는 맑스의 관점을 받아들여서 인류의 역사는 계급 투쟁의 역사이며, 계급이 철폐될 때만 인간의 본질을 회복할 수 있다고 보았다. 그리고 이러한 인간의 본질을 회복하기 위해서는 개별 인간과 역사 모두를 이해할 수 있는 방법을 탐색할 필요가 있음을 제안했다.(Sarup, 1978/1987: 39-58)

3. 실천 현상학

이처럼 현상학은 현재 서구 사회를 비롯하여 우리 사회가 근거로 하고 있는 암묵적 제도인 과학주의를 정면으로 부정하고 대안적인 세계관과 실천의 방안을 제시하고 있다. 특히 사르트르는 인간을 대자적 존재로 살아갈 수 없도록 하는 현 상황을 자유의지에 따라서 바꾸어 나갈 것을 촉구한다.

사르트르의 그 주장을 현재 우리나라의 학교 현실에 적용하면, 현재 우리나라의 학교체제 속에서 즉자적이거나 대타적으로 살아가는 교사, 학생, 학부모 등이 현재의 상황을 더 이상 견딜 수 없는 것으로 인식하고 그것을 변화시킬 수 있다는 확신 하에 현재의 상황을 낳을 수밖에 없는 기능주의적 사회체제를 변화시켜나가기 위해서 노력할 필요가 있다고 말할 수 있을 것이다.

그런데 여기에는 먼저 해결해야 할 과제가 세 가지 있다.

하나는 어떻게 하면 즉자적이거나 대타적으로 살아가는 그들로 하여금 현재의 상황을 더 이상 견딜 수 없으며 변화시킬 수 있는 것으로 보도록 할 수 있는가 하는 것이다.

둘은 현재 우리나라의 교육 상황을 낳는 기능주의 사회체제를 어떤 것으로 바꾸어갈 것인가 하는 것이다.

그리고 셋은, 기능주의 사회체제를 대신하는 그것으로 어떻게 바꾸어 갈 것인가 하는 것이다.

현상학은 여기에 대해서 아무런 대답을 내놓지 않고 있다. 그런 이유에서 아마도 사르트르는 개별 인간과 역사를 모두 탐구할 수 있는 방법을 탐색할 필요가 있다고 말했는지도 모른다.

이와 관련해서 최근에 등장한 실천현상학은 이에 대한 대답을 줄 수 있는지도 모른다. 예를 들면, 반 마넨(M. van Manen, 1990)은 훗설의 현상학을 연구방법으로서 체계화하여 교육의 장면을 현상학의 방법으로 탐구하는 일을 해오고 있다. 그는 학교를 하나의 생활세계로 상정하고 학교에서의 교육과 관련된 체험을 탐구함으로써 교육의 본질을 이해하고, 그 본질에 근거해서 현재의 학교의 체제와 그 안에서의 삶을 반성적으로 검토하고 새로운 삶의 가능성을 모색해가고 있다. 그리고 그의 제자를 비롯한 연구자와 교사들로 하여금 현상학의 방법으로 교육의 현실을 탐구하는 과정을 통해서 자신이 교육에 관하여 가지고 있는 선입견을 확인하고 제거해가도록 하고 있다.

그의 이런 접근이 앞서 제기한 세 가지 문제 가운데 첫째 문제에 대한 해답이 될 수도 있을 것이다. 즉 사람들로 하여금 현상학의 관점으로 학교의 교육 현실을 바라보고, 그것을 견딜 수 없으며 변화시킬 수 있는 상황으로 볼 수 있게 하는 것이다. 만일 많은 사람들이 현상학의 눈으로 우리 학교 현실을 바라보게 된다면, 그러한 연구자와 교사들이 서로 관계를 맺어감으로써 대안적인 사회를 구성해 갈 수 있을지도 모른다. 결국 사람들로 하여금 현재의 상황을 현상학의 눈으로 보도록 하는 것 자체가 대안적인 사회를 구성해가는 일이 되는 것이다.

그런데, 실제에 있어서도 그렇게 될 수 있는지는 해보고 살아보아야 알 수 있을 것이다. 결국 여기서 중요한 것은 사람들로 하여금 현상학의 눈으로 상황을 볼 수 있게 하는 것이다.

그것은 어떻게 가능할까?

제3장

교육열 현상의 재해석

CHAPTER 3

교육열 현상의 재해석[1)]

1. 교육열 현상의 다의성

한국의 부모들은 교육열이 강하다고 흔히 일컬어진다. 한국의 부모들은 자녀를 밤늦도록 학교와 학원에서 공부하도록 하고, 자녀가 높은 학업 성적을 받도록 하기 위해서 학교의 각종 궂은일을 도맡아서 하며, 교사에게 촌지를 제공하는 것도 서슴지 않는다. 자녀의 공부를 위해서 엄마는 파출부 노릇을 자처하기도 하고, 아버지는 가족과 떨어져 혼자 살면서 돈 버는 기계를 자처한다. 이런 일들은 다른 나라에서는 찾아보기 어려운 한국만의 독특한 현상이다.

지금까지 국내의 여러 학자들이 이와 같은 현상을 교육열 현상으로 규정하고, 그것을 이론적으로 설명하기 위해서 많은 노력을 해왔다. 그들 가운데 일부는 그런 모습을 한국만의 고유한 현상으로 설정하고 그 고유성을 설명하기 위한 고유한 이론을 모색하기도 하고(오욱환, 2000), 일부는 그런 모습을 인류의 보편적 현상이 특수하게 구체화된 하나의 현상으로 보고 그 현상의 일반적인 법칙이나 원리를 설명할 수 있는 보편적인 이론을 모색하기도 하고(이종각, 2003), 또 다른 일부는 그런 현상이 발생하게 된 원인을 통시적으로 또는 공시적으로 규명하려고 노력했다(최봉영, 2000; 김영화·

---

1) 이 글은 "교육열의 의미에 관한 한 해석: 사회적 상황의 변화와 관련해서"(2008, 교육인류학연구 제11권 제1호)를 일부 수정한 것이다.

이인효·박현정, 1993; 김경근 2004). 이 외에도 여러 학자들이 이른바 교육열이라고 일컬어지는 모습들을 이론적으로 설명하기 위해서 다양한 노력을 전개하고 있다.[2)]

그런데, 교육열이라고 일컬어지는 이런 현상을 이론적으로 설명하는 데 있어서 기존의 연구들이 서로 다르게 접근하지만, 그들 사이에는 한 가지 공통점이 존재한다. 그것은 교육열이라고 불리는 그 현상의 의미를 각각 단일한 것으로 고정시켜서 바라보고, 그것에 한정해서 교육열 현상을 설명한다는 점이다. 즉 교육열 현상이 다양한 의미로 해석될 수 있다는 점에 유의하지 않는다는 점이다. 그들은 대체로 교육열 현상을 우리나라 경제발전에 기여한 원동력으로서 바라보거나, 개인의 사적인 욕망을 실현하기 위한 행위로서 바라본다. 최근 들어서는 전자보다는 후자의 해석이 더 지배적이다.

그러나 동일한 교육열 현상이 연구자에 따라서 또는 시대적 상황에 따라서 그 의미가 서로 다르게 해석되어왔다는 사실 자체가 교육열 현상은 다의적으로 해석될 수 있으며, 교육열 현상을 이론적으로 설명하고자 할 때는 그런 다의성을 고려하는 방식으로 이루어져야 함을 시사한다. 또한 어째서 동일한 교육열 현상이 연구자에 따라서 또는 시대적 상황에 따라서 서로 다른 의미로서 해석되는지를 살펴볼 필요가 있음을 시사한다.

이에, 본 연구자는 이 글에서 그동안 우리나라 사회에서 다양한 모습으로 나타나고 있는 교육열 현상이 각각 어떤 의미가 있는지를

---

2) 교육열 현상과 관련된 연구 경향에 관해서는 본문의 제2절과 제3절에서 좀 더 자세히 소개한다.

해석하고자 한다. 특히 그 의미를 해석하는 데 있어서 사회적 상황을 주로 고려하고자 한다. 우리나라 사회가 근대적인 사회체제를 도입한 이후로 그것이 자리를 잡고 변화해가는 과정에 따라서 교육열 현상이 어떻게 달라져왔는지, 그 때 각각 교육열 현상이 어떻게 다르게 해석될 수 있는지 살펴보고자 한다. 즉 교육열의 의미를 사회적 차원에서 해석하고자 한다. 물론 교육열은 개인적 차원에서 개인이 처한 상황에 따라서 다양하게 해석될 수도 있다. 그 경우에 수많은 개인들의 사례를 모두 조사하고 분류하고 유형화한 후에 해석하는 작업을 해야 한다. 본 연구자의 현재 역량으로서는 그 작업을 수행하는 것은 무리이므로, 그것은 추후의 과제로 남겨둔다.

본 연구자는 다음과 같은 절차에 따라서 교육열의 의미를 해석하고자 한다.

첫째, 이 글에서 교육열을 무엇으로 규정하고 논의를 전개하는 것이 적절한지 살펴본다. 이 작업을 위해서 비록 충분하지는 않지만 교육열을 탐구해온 기존의 연구물들이 교육열을 무엇으로 규정해왔는지 살펴본다.

둘째, 그동안 교육열과 관련하여 제기되지 않은 질문이 무엇이며, 그 질문에 대해서 어떻게 대답해갈 수 있는지 살펴본다. 이 작업을 위해서 그동안 교육열에 관하여 어떤 종류의 질문이 제기되고 대답이 모색되어왔는지 개괄적인 수준에서 살펴본다.

셋째, 그동안 다루어지지 않았거나 소홀히 해온 질문을 중심으로 개괄적인 수준에서나마 대답을 모색한다. 그것은 교육열이 사회체제의 변화와 어떤 관련이 있는지, 그 안에서 교육과 교육열은 어떤 의미가 있는지를 살펴보는 데 초점이 맞추어질 것이다.

넷째, 교육열의 이러한 점에 주목하는 것이 교육열과 우리나라 사회의 교육현상을 이해하는 데에 어떤 기여를 할 수 있는지, 그것이 교육열로 말미암아 고통 받는 우리 이웃에게 어떤 도움이 되는지 생각해본다.

본 연구자는 이러한 점들을 검토하고 논의하는 데 있어서 다음과 같은 관점과 접근 방법을 적용하고자 한다.

첫째, 문화상대주의적 관점을 취한다. 즉 어떤 현상을 대하는 데 있어서 자신의 사고를 준거로 삼아서 옳고 그름을 판단하거나 의미를 해석하지 않는다. 그 현상 자체의 관점에서 그것을 이해하고자 한다.

둘째, 총체적으로 접근한다. 어떤 현상을 바라보는 데 있어서 그것을 고립된 전체로서 바라보지 않고, 그 주변의 것들과 어떤 방식으로 관련을 맺고 영향을 주고받는지 살펴본다. 달리 말하면 전체의 한 부분으로서 그것을 바라본다.

셋째, 거시적 관점을 취한다. 즉 어떤 현상을 대하는 데 있어서 그것을 국지적인 현상으로만 바라보지 않고, 인류의 보편적인 현상으로서 바라본다. 동서와 고금의 전체 속에서 그 현상을 파악한다.

넷째, 거시적 관점과 함께 미시적 관점을 취한다. 어떤 현상을 한편으로는 인류의 보편적인 현상의 하나로서 바라보면서, 동시에 그것이 구체적인 시공간에서 어떤 모습으로 존재하는지를 살펴본다.

2. 자연적 현상으로서의 교육열

교육열 현상의 의미를 해석하고자 할 때 먼저 해결해야 할 질문 가운데 하나는 해석하고자 하는 대상으로서의 '교육열이 무엇인가?'이다. 우리는 일상적으로 교육열이라는 용어를 자주 사용한다. "한국의 학부모들은 유난히 교육열이 높다.", "높은 교육열이 한국의 경제를 발전시켰다.", "지나친 교육열이 학교교육을 위태롭게 한다." 등이 그 예다. 그런데 일상적인 대화에서는 그렇게 말해도 의사소통을 하는 데는 큰 장애가 없지만, 그것의 의미를 해석하고자 할 때는 그 정체가 모호해진다. 그것은 다음 두 가지 때문이다.

첫째는 여기서 말하는 교육이 무엇인지 알 수 없기 때문이다. 일반적으로 교육은 무엇인가를 가르쳐서 알게 하는 것을 가리킨다. 만일 교육이 이런 의미라면 학부모들의 교육열이 높다는 말은 어색하다. 한국의 학부모들이 자신의 자녀를 직접 가르치지는 않기 때문이다. 거기다 기존에 교육학계에 통용되던 교육의 개념들, 예를 들면 "인간 행동의 계획적 변화"나, "문명된 삶으로의 입문", 그리고 최근에 새롭게 대두되고 있는 교육본위론이나 평생교육론, 그리고 교육인류학에서 탐구해오고 있는 교육의 개념까지 고려하면 "교육열"이라는 소리만으로는 그것이 무엇인지 알기가 더욱 어렵다.

둘째는 교육열이 과연 독립적인 실체로서 존재하는지, 만일 그것이 존재한다면 어디에 존재하는지 알 수 없기 때문이다. "높은 교육열이 한국의 경제를 발전시켰다.", "지나친 교육열이 학교교육을 위태롭게 한다." 등의 말을 들어보면 교육열이 마치 행위의 주체인 것처럼 되어있다. 그러나 한국의 경제를 발전시키거나 학교교육을 위태롭게 하는 것은 한국 '사람'들이지 교육열이 아니다. 교육열은 행위의 주체가 될 수 없으며, 그 점에서 독립된 실체도 아니다. 그럼에도 불구하고 교육열이라는 것이 존재한다면 그것은 우리의 관념 속에 존재한다고 보지 않을 수 없다. 즉 우리가 어떤 현상을 교육열이라는 개념으로 파악하고, 우리의 언어 체계 속에서 교육열과 경제 성장 또는 다른 무엇을 관련짓는다. 그리고 언어 체계에서의 관념적인 관계를 사실적인 관계로 인식하기도 한다. 그러나 언어와 사실이 일대일로 대응하는 것이 아니라는 것은 현대의 철학자들에 의해서 이미 지적된 사실이다. 따라서 교육열 자체를 직접적인 대상으로 삼아서 경험적인 연구를 하거나 논의를 하는 것은 가능하지 않다.

그렇다면 교육열은 우리나라 고유의 현상이기 전에 우리나라 고유의 어법에 의한 현상 인식 방식의 한 사례라고 보는 것이 타당하다. 따라서 교육열이 무엇인지 알기 위해서는 교육열 그 자체가 무엇인지 서둘러 규정하기에 앞서 어떤 현상을 교육열로 보는 우리의 일상적인 어법이 어떤 것인지 먼저 살펴볼 필요가 있다. 그러한 어법에 의해서 포착되는 교육열 현상이 무엇인지 확인하고, 그것을 토대로 이 글에서 해석하고자 하는 대상으로서의 교육열을 무엇으로서 상정하는 것이 타당한지 살펴볼 필요가 있다.

이종각(2003, 2005)에 따르면, 그동안 교육열은 크게 세 가지 차원에서 정의되었다고 볼 수 있다. 첫째는 개인의 심리적 차원이다. 이 경우는 교육열을 개인의 심리적 특성이나 욕구로서 정의한다. "학교를 중심으로 한 제도교육에 대한 강한 집착"(최봉영, 2000), "학부모의 교육에 대한 동기체제"(이종각, 2003) 등이 그 예다. 둘째는 개인의 행위 차원이다. 이 경우는 교육열을 경험적으로 확인 가능한 행위에 한정짓는다. "교육에 대한 열망과 교육을 위한 투입 행위"(김영화·이인효·박현정, 1993)가 그 예다.[3] 셋째는 사회적 현상의 차원이다. 이 경우는 교육열을 한 사회가 드러내 보이는 특징적인 현상으로 파악한다. "교육에 관련된 행위, 문화적 지식, 사회구조적 맥락이 상호 관련된 현상"(김희복, 1992), "한국인들의 교육 욕구가 사회적으로 만연하여 한국사회 전반적으로 나타나는 정상 수준을 넘어선 학력 및 학벌 쟁취 현상"(오욱환, 2000) 등이 그 예다.

교육열에 관한 이런 정의들에는 다음 세 가지 공통적인 특징이 발견된다.

첫째, 교육열을 개인의 행위 차원에서 규정하는 경우나 사회적 현상으로 규정하는 경우 모두 개인의 심리적 특성에 대한 규정을 포함하고 있다. "교육에 대한 열망"(김영화·이인효·박현정, 1993), "한국인들의 교육 욕구"(오욱환, 2000)가 그 예다. 이런 사실은 교육열에 있어서 개인의 심리적 특성이 좀 더 근본적이라는 것을 뜻한다고 볼 수 있다. 그러므로 우리가 "옆집 철수 엄마는 교육열이 강하다." 라든지, "한국인은 교육열이 높다."는 말을 한다. 따라서 교육열이 무엇인지는 개인의 심리적 특성과 관련해서 정의될 필요가 있다. 그 심리적 특성이 개인의 행위로 드러나고, 그 행위가 집단화되고 구조화됨으로써 사회적 특성을 띠기도 한다고 볼 수 있다.

---

3) 이종각(2003, 2005)은 김영화·이인효·박현정(1993)의 정의를 심리적인 것으로 분류했다. 그렇지만 본 연구자는 그들의 정의가 다른 정의와 크게 구분되는 점은 가시적인 행위를 중요시하는 것이라고 보고, 따로 구분했다.

이런 이유에서 이종각(2003)은 교육열과 교육열 현상을 구분하고, 심리적 특성으로서의 교육열이 개인의 또는 집단적인 행위로 구체화된 것을 교육열 현상으로 바라볼 것을 제안했다. 본 연구자는 그의 제안을 따라서 교육열과 교육열 현상을 구분하고 교육열 현상을 해석의 대상으로 삼고자 한다.

둘째, 교육열을 규범적(normative)으로 보는 관점과 기술적(descriptive)으로 보는 관점이 서로 대립된다. 교육열을 규범적으로 보는 관점에서는 교육열을 부정적으로 인식하고 있다. "학교를 중심으로 한 제도교육에 대한 강한 집착"(최봉영, 2000), "학력병"(김용숙, 1986) 등이 그 예다. 좀 더 적극적으로는 "어떤 현상을 교육열이라고 표현할 때에는 부정적 측면을 함축하고 있기 때문에 교육열의 공헌을 언급한다는 것은 논리적으로 타당하지 않다."(오욱환, 2000, p. 24)라고 말하기도 한다. 이런 교육열이 우리나라 교육의 문제를 유발하고 있다고 본다.

그런데, 교육열을 규범적으로 정의하는 것은 다음 두 가지 제한점이 있다. 하나는 일상적인 어법에 맞지 않는다는 것이다. 우리가 어떤 현상에 "열"이라는 말을 붙일 때는 그 현상의 특정한 측면을 기술하는 데 목적이 있다. 향학열, 학구열, 응원열, 투기열 등이 그 예다. 투기열이 부정적인 것은 '투기'가 부정적이기 때문이지 '열' 때문은 아니다. 만일 교육열이 부정적인 것이라면 아마도 우리는 "높은 교육열이 경제를 발전시켰다."라는 말은 하지 않았을 것이다. 우리가 교육열을 부정적으로 인식할 때는 "지나친" 등과 같은 한정어를 붙이게 마련이다. 둘은 교육열을 부정적인 것으로 규정하면 교육열이라는 용어로 설명하고자 하는 대상의 범위가 좁아진다는 것이다. 연구 대상의 범위가 넓은 것이 항상 좋은 것도 아니고, 좁은 것이 항상 나쁜 것도 아니다. 연구자에 따라서는 교육열을 부정적인 것으로 한정하고 논의를 전개할 수는 있다. 그렇지만 그 경우에는 교육열을 우리나라 사회의 현재에만 한정짓지 않고 동서고금, 그리고 우리나라의 미래 사회와도 함께 관련지어서 생각해보기가 어렵게 된다.[4] 이런 이유에서 교육열을 기술적으로 볼 필요가 있다.

셋째, 기존의 연구자들이 교육열을 각각 서로 다른 차원에서 정의하지만 교육이 무엇인지에 관해서는 논의하지 않는다. 즉 '열'은 다양한 차원에서 논의하지만 '교육'은 다양한 차원에서 논의하지 않는다. 물론 일부는 교육의 유형에 따라서 교육열을 공적·사적, 도구적·본질적, 협의·광의, 학교·학교외 등으로 구분하지만 그 때의 교육이 무엇인지는 밝히지 않는다(김영화·이인효·박현정, 1993). 아마도 교육까지도 다양한 차원에서 논의하게 되면 교육열에 관한 논의는 지금보다 더 복잡해지고, 그만큼 더 정교해질 것이다. 하지만, 그렇게 할 경우 앞에서 교육열을 규범적으로 규정할 때와 마찬가지로 일상의 어법에서 멀어지고, 사람들이 교육과 관련해서 일상적으로 살아가는 모습을 설명하는 데 제약이 따를 수 있다.

이런 이유에서 본 연구자는 교육의 개념을 구체화하되, 그동안 우리나라 사회에서 교육열 현상이라고 일컬어져왔던 현상들을 적

4) 특정한 논의에서 교육열을 부정적인 것에 한정하는 것과, 교육열은 부정적인 것이라고 말하는 것은 구분할 필요가 있다. 마찬가지로 "교육열은 가치중립적이다."라고 말하는 것과 "가치중립적인 개념으로 상정한다."라고 말하는 것은 차이가 있다. 전자는 사실이 그러함을 진술하는 데 반해서, 후자는 논의의 대상을 그것으로 한정한다는 것을 뜻한다. 이 글에서 연구자는 교육열을 가치중립적인 것으로 상정하고 논의를 전개한다.

절히 포섭하고, 사회체제의 변화와 관련해서 해석하는 데 적합한 방식으로 규정한다. '한 사회의 구성원들이 공통적으로 지향하는 지식이나 기술을 자녀에게 내면화하기 위한 활동'이 그것이다. 교육을 이와 같이 정의하는 것은 뒤르케임(Durkheim)을 비롯한 구조기능주의 사회학자들이 교육을 사회화로 정의하는 것과 유사하다. 구조기능주의 사회관에 따르면 그 사회의 구성원들이 공통적으로 지향하는 지식이나 기술을 많이 내면화할수록 더 많은 능력을 가졌다고 간주하고, 그런 사람에게 좀 더 높은 사회적 지위를 배분한다. 따라서 그런 지식이나 기술을 내면화하는 것은 더 높은 사회적 지위를 지향하는 행위이기도 하다.

요컨대, 본 연구자는 교육열에 대한 선학들의 개념 정의와 우리말 어법을 고려할 때, 이 글에서 해석의 대상으로 삼고자 하는 교육열은 가치중립적인 것이며, 개인의 심리적 특성을 지칭하는 용어로서 정의하고자 한다. 즉, 교육열은 '특정한 사회에서 부모가 자녀로 하여금 그 사회 구성원들이 공통적으로 지향하는 지식이나 기술을 자녀에게 효율적으로 내면화함으로써 유리한 사회적 지위를 획득하도록 하기 위한 동기체제'라고 말할 수 있다.[5)]

교육열의 개념을 이와 같은 것으로 정의하면 우리는 교육열이 현재 우리나라 사회에만 고유하게 존재하는 것은 아니라고 말할 수 있다. 또한 그것이 오늘날의 학교와 같은 제도교육에만 한정되어서 발휘되는 것으로 볼 필요도 없다. 인간은 항상 어느 사회에나 속해왔고, 그 사회에는 내용이나 수준에서만 차이가 있을 뿐 나름

5) 교육열에 관한 이러한 정의는 이종각(2003)의 교육열 개념을 구체화한 것이기도 하다.

대로 지향하는 지식이나 기술이 존재한다. 그 사회의 구성원들은 그것을 소유하는 것이 그 집단 내에서 살아가는 데 유리하다는 것을 알기 때문에 그것을 자신의 자녀가 소유해야 한다고 생각한다. 그리고 그런 생각을 구체적인 행위로 표현한다. 특히 인간은 다른 동물과 달리 살아가는 데 필요한 지식이나 기술을 태어난 이후에 습득하므로, 부모가 자녀에게 사회적 지식이나 기술을 소유하도록 하기 위해서 노력하는 것은 자연스러운 현상이라고 볼 수 있다. 그것은 어부가 자신의 자녀에게 고기를 잘 잡는 법을 알려주는 것과 마찬가지로 인간으로서 원초적인 행위 가운데 하나다.

그 점은 지금으로부터 7,000년 전부터 지금의 이라크 지역에 위치해있던 수메르 사회의 경우를 보아도 알 수 있다. 그들은 지금으로부터 5,000년 전부터 점토판에 쐐기모양의 문자로 자신들의 삶을 기록해왔고, 학교를 세워서 그것을 기록할 수 있는 사람을 길러냈다. 그것을 기록할 수 있는 사람은 높은 사회적 지위를 차지했다. 그래서 부모들은 자신의 자녀를 학교에 보내서 배우도록 했고, 자녀의 학습이 원만하지 못할 때는 선생님께 촌지를 제공하기도 했다. 아래는 그와 관련된 내용이다:

> … 선생님이 그의 집을 방문했고, 그의 자리는 상석에 마련되었다. 소년이 옆에 앉아 시중을 들었고, 선생님은 아버지와 함께 점토판 필기술에 관하여 의견을 나누었다. 그런 뒤에 아버지는 선생님과 더불어 술잔을 기울이며 식사를 했다. 그리고 "그는 선생님에게 새 옷을 입히고, 선물을 주었으며, 그의 손에는 반지를 끼워주었다(Kramer, 1981/2000, p. 33).

이처럼 인간의 사회에서 교육열은 자연적이며 보편적으로 존재한다. 다만 부모들 자신이 처한 사회에 따라서 다른 모습 다른 정도로 나타내 보일 뿐이다. 즉 사회에 따라서 서로 다른 교육열 현상으로 나타나 보일 뿐이다. 현재 우리나라 사회에서 보이는 모습도 그 중 하나다. 그런 교육열을 우리가 때로는 사회 전체를 구성하고 유지하는 데 긍정적인 방향으로 기능한다고 말하기도 하고 때로는 부정적으로 기능한다고 말하는 것이다. 예를 들면, 우리나라의 경제가 부흥하던 시기에 부모들이 논밭을 팔아서 자녀를 대학에 진학시키는 일은 산업 인력을 양성하는 데 긍정적으로 기여했다고 말하지만, 최근에 부모들이 기러기 가족을 자초하며 원화를 팔아서 자녀를 조기 유학시키는 것은 국부를 축적하는 데 부정적으로 기여한다고 말한다. 그러나 이것 역시 관점을 달리하면, 예를 들면 장기적인 관점에서 보면 긍정 부정을 단정짓기는 어렵다. 본 연구자는 이하에서 이런 의미의 교육열을 대상으로 논의를 전개한다.

3. 교육열과 사회 사이의 관련

우리가 교육열을 인간의 사회에 자연적이고 보편적으로 존재하며, 사회에 따라서 서로 다른 현상으로 드러나는 것으로 규정하게 되면, 거기에는 다음과 같은 질문이 따라 나온다. '교육열은 사회에 따라서 어떻게 다르게 구체적인 현상으로 드러나는가?'가 그것이다. 그리고 이 질문은 다시 두 가지로 구체화될 수 있다. 하나는 '교육열이 어떤 과정에 의해서 구체적인 현상으로 드러나는가?'이고, 다른 하나는 '교육열이 구체화된 현상과 사회는 서로 어떤 관련이 있는가?'이다. 좀 더 간단히 질문하면 '교육열과 사회는 어떤 관련이 있는가?'이다.

이 두 가지 질문 가운데 전자는 이종각(2003)에 의해서 교육열의 결합법칙과 운동법칙으로 체계적으로 대답되었다. 그에 따르면 교육열은 자녀성취욕구를 충족시키는 데 효과적인 수단이라고 생각되는 것들과 결합하며, 결합대상과의 효과가 유효하면 경제적으로 무차별적으로 결합하며, 기존의 결합대상이 억제되면 새로운 결합대상을 만들어 결합한다. 그리고 그 교육열은 지위상승체계에 미치는 영향력이 높은 교육장면, 인간대접을 받는 데 영향을 미치는 교육장면, 교육 후의 결과가 높은 사회적 가치를 부여하는 쪽으로 움직인다.[6)]

또한 오욱환(2000)은 교육열이 어떻게 구체화되는지를 우리나라 상황과 관련해서 설명했다. 그에 따르면, 우리나라 상황에서 교육열은 사회적인 출세를 목적으로 하여, 외국어 자본을 대상으로 해서, 가족이나 친인척이 집단으로 연합해서 발휘된다. 또한 한 사람의 출세는 주변 사람들에게 성공담으로 회자되어 교육열이 확산된다.

그리고 김희복(1992)은 우리나라 부산지역 중산층 학부모들이 단계와 영역에 따라서 어떤 원리에 의해서 교육열을 발휘하는지를 좀 더 구체적으로 제시했다.

그런데, 위의 둘째 질문에 대해서는 첫째 질문만큼 체계적인 대답이 제시되지 않았다. 그 점은 그동안 교육열에 관한 연구들이 어떤 질문에 주로 대답해왔는지 살펴보면 알 수 있다. 그것을 크게 다음 네 가지로 구분할 수 있다.[7)]

---

6) 여기서 교육열이 "결합한다.", "움직인다." 등의 표현은 교육열이 마치 실체인 양 오해할 여지가 있다. 그러나 본 연구자가 볼 때 이종각은 교육열을 실체로서 보는 것을 인정하지 않는다.

7) 아래의 네 가지 외에도 "교육열이란 무엇인가?"라는 질문에 대답하기 위한 연

첫째는 '교육열이 어떤 사회적 결과를 발생하는가?'라는 질문이다. 예를 들면 교육열이 출산력을 저하시켜서 가족규모를 축소한다거나(김경근, 1996), 자녀의 독립심 함양을 저해하고 교육활동에 수반되는 비용에 대한 무관심을 조장함으로써 청년실업에 일조한다(김경근, 2004)는 대답이 그것이다.

둘째는 '교육열이 어떻게 발휘되고 확산되는가?'라는 질문이다. 앞서 살펴본 이종각(2003)과 오욱환(2000), 그리고 김희복(1992)이 이 질문에 대답했다.

셋째는 '교육열을 발생시키는 원인이 무엇인가?'이다. 이 질문에 대해서는 많은 연구자들이 대답해왔지만, 그 대답의 방향은 조금씩 다르다. 일부는 그 대답을 역사적 기원에서 찾았고(박혜인, 1994; 최봉영, 2000), 일부는 사회적 조건에서 찾았고(김희복, 1992), 일부는 문화적 특성에서 찾았고(김영화·이인효·박현정, 1993), 또 다른 일부는 현실에 대한 개인의 인식 특성에서 찾았다(박남기, 1994).

넷째는 '교육열은 어떤 의미가 있는가?'이다. 이 질문에 대한 대답 역시 다양한 맥락에서 제시되었다. 예를 들면 일부는 역사적 맥락에서 일제시대 보통학교에 대한 조선인들의 교육열을 민족적 저항으로 해석했고(한우희, 1991), 일부는 사회적 맥락에서 교육열이 우리 사회에 긍정적으로 또는 부정적으로 기능하는 것으로 해석했고(이돈희, 1984; 이효수, 1993), 또 다른 일부는 개인적 맥락에서 교육열이 출세를 위한 도구로서 기능하는 것으로 해석했다(오욱

구도 있지만, 그것은 앞서 검토했고, 대부분의 연구가 이 질문을 부분적으로 포함하고 있기에 여기서는 생략한다.

환, 2000).

이상의 검토 결과에 의하면 '교육열과 사회는 어떤 관련이 있는가?'라는 질문에 대해서는 거의 대답되지 않은 것을 알 수 있다. 물론 일부 연구자들은 사회적 조건과 교육열 사이의 인과적 관련을 설명하고, 교육열이 낳는 사회적 결과 등을 부분적으로 탐구했지만, 교육열의 전개 양상과 사회의 전반적인 변화 사이의 관계를 체계적으로 검토하지는 않았다. 또한 그런 관계 속에서 교육과 교육열은 어떤 의미가 있는지를 살펴보지 않았다.

만일 누군가가 교육열과 사회 사이에 어떤 관계가 있는지를 체계적으로 충분히 탐구할 수 있다면, 그 관계 속에서 교육과 교육열의 의미를 새롭게 해석해낼 수 있을 것이다. 또한 교육열이 드러나는 양상을 보면서 그 사회가 어떤 상태인지 알 수 있고, 역으로 그 사회가 어떤 상태인지 알면 교육열이 어떤 양상으로 전개될지 알 수 있을 것이다. 이것은 교육열뿐만 아니라 사회를 이해하는 데도 중요한 기여를 하게 될 것이다. 특히 교육열 현상을 사회를 이해하는 시금석으로 활용할 수도 있을 것이다. 그리고 교육열과 관련된 우리 사회의 문제를 해결하는 데도 큰 도움이 될 것이다.

아래에서 본 연구자는 시론적인 수준에서 우리나라에서 교육열이 확산되는 과정을 시기별로 살펴봄으로써, 그 때 교육과 교육열은 각각 어떤 의미가 있는지, 교육열과 사회 사이에 어떤 관련이 있는지를 살펴본다. 그런데, 이것은 아직까지는 시론 수준의 아이디어이기 때문에 실증적인 근거는 충분하지 못하다. 이 아이디어가 타당한지 여부는 추후에 다른 연구를 통해서, 다른 연구자들에 의해서 확인되어야 할 것이다.

4. 교육열과 사회적 상황의 변화

교육열 또는 교육열 현상과 관련하여 선학들이 공통적으로 동의하는 사실 가운데 하나는, 특히 우리나라에서 그것이 오늘날에 이를수록 점차 확산되어 간다는 점이다. 그 점은 이종각(2003, p. 124)에 의해서 체계적으로 정리되었다. 그는 교육열을 기본형과 현재형으로 구분하고, 기본형은 자녀애와 성취욕구의 결합이라고 보았다. 그에 따르면, 기본형이 제도교육의 형성과 함께 초기화되고, 신분제도가 그 교육열을 제한적으로 발휘되도록 하며, 일제시대에 이르러 공교육제도가 도입되면서 교육열이 1차로 확산되기 시작하고, 해방 후에 기회평등주의적 교육제도가 도입되면서 2차로 확산되고, 1970년대 이후의 경제의 발전이 교육열을 3차로 확산시켰다.

여기서 알 수 있듯이 그는 사회적 조건의 변화와 교육열 현상의 확산 사이의 관련을 인과적으로, 특히 전자를 원인으로 후자를 결과로 설명하였다. 그리고 원인은 억제요인이나 촉진요인으로 구분해서 설명하고 있다. 그 대신 최근 우리나라에서 전개되어가고 있는 새로운 현상을 따로 구분하지 않고 있다. 그렇지만 최근에 확산되어가고 있는 교육열 현상을 살펴보면 이전과는 다른 몇 가지 주목할 만한 점을 발견할 수 있다. 교육열 현상의 무대가 외국에까지 확장되어서 나타난다든지, 취학 장면뿐만 아니라 취업 장면에까지 확산된다든지, 중도탈락 등과 같이 취학을 포기하는 사례가 증가한다든지 하는 것들이다. 이종각은 1970년대 이후를 모두 교육열의 3차 확산이라고 설명함으로써 그런 점들에 유의하지 않고 있다. 그것은 그가 교육열 현상의 변화를 그것에 대한 참여자의 수의 증가로만 파악하기 때문이다.

이런 이유에서 본 연구자는 교육열 현상과 관련된 최근의 여러 현상들을 좀 더 세밀하게 파악하고, 그로부터 사회적 상황의 변화를 설명하고, 그에 따른 교육열 현상의 의미를 다양하게 해석할 수 있는 단서들을 찾기 위해서 교육열 현상의 확산을 여섯 가지로 구분해서 파악하고자 한다.[8)]

첫째는 참여자 수의 확산이다. 이것은 초·중등학교에 진학하고자 하는 사람의 수가 증가하는 것이다. 둘째는 범위의 확산이다. 교육열 현상이 초·중등학교와 같이 제한된 공간을 중심으로 발휘되다가 과외, 학원, 국외, 그리고 고등교육 등으로 확장되어서 발휘되는 것이다. 셋째는 대상의 확산이다. 학교의 교과 등과 같이 일부 제한된 지식이나 기술 중심에서 예술, 신기술, 외국어 등으로 교육열이 발휘되는 대상이 확산되는 것이다. 넷째는 영역의 확산이다. 상급학교의 진학과 같이 학교에 한정되어서 발휘되던 교육열이 취업과 같은 장면으로까지 확산되는 것이다. 다섯째는 시간의 확산이다. 일생의 제한된 시기에 하루 중 일부 시간에만 나타나던 교육열 현상이 전 인생에 걸쳐서, 하루 대부분의 시간동안 나타나는 것이다. 여섯째는 교육열 포기자의 확산이다. 지나친 교육 경쟁을 피하기 위해서 외국으로 이주하거나, 경제적인 이유 등으로 인해서 자

8) 한 집단 내에서 교육열이 범위, 대상, 영역, 시간 등으로 확산되어 갈 때 집단 내에는 순차가 존재한다. 일부 소수 집단이 먼저 범위를 확산해가면 다수의 집단이 그 뒤를 따르고 소수의 나머지 집단이 마지막으로 그 대열에 합류한다. 다수의 집단이 확산의 대열에 합류할 때 먼저 범위를 확산한 일부 소수 집단은 대상을 확산시켜간다. 이런 과정이 영역, 시간 등으로 반복되어 간다. 여기서 구분하는 확산의 과정은 다수의 집단이 확산에 진입하는 시점을 기준으로 삼았다.

녀의 학교 취학이나 수학을 포기하도록 방치하거나 종용하는 사람들이 증가한다는 것이다.

비록 막연하고 자의적인 추정이기는 하지만, 시기별로 구분해서 우리나라 교육열 현상의 확산 과정을 파악해보면 아래 〈표 3-1〉과 같은 경향이 있다고 짐작할 수 있다.9)

〈표 3-1〉 교육열 현상의 확산 과정과 양상

시기(년도)	참여자 확산	범위의 확산	대상의 확산	영역의 확산	시간의 확산	포기자 확산
~ 1900						
1900 ~ 1950	•					
1950 ~ 1960	○					
1960 ~ 1970	○					
1970 ~ 1980	◎	•	•			
1980 ~ 1990	◎	○	○	•	•	
1990 ~ 2000	◎	◎	◎	○	○	•
2000 ~	◎	◎	◎	◎	◎	•

범례: • 일부 집단에 한정, ○ 다수 집단에 해당, ◎ 전체 집단에 해당,
× 현상의 약화

위의 표가 잠정적으로 타당하다고 간주하면, 다소 막연하지만, 교육열 현상의 확산과 관련해서 우리나라의 사회적 상황의 변화를 다음과 같이 유추하여 상상할 수 있다. 그리고 그러한 사회적 상황의 변화와 관련해서 교육이 어떤 기능을 수행했고, 교육열은 어떤 의미가 있는지 추론할 수 있다.10)

---

9) 여기서 제시한 시기 구분과, 각 시기별 사회적 상황에 대한 설명은 본 연구자의 경험을 토대로 한 상상에 근거한 것이다. 독자의 경험이나 연륜에 따라서 달리 구분되고 설명될 수 있다. 이 추정이 현실을 적절히 반영했는지 여부는 추후 엄밀한 실증 자료와 준거에 근거하여 확인할 필요가 있다.

10) 학술대회 발표문에서 본 연구자는 각 시기를 교육열 잠재기, 교육열 발아기, 교육열 생장기, 교육열 고조기, 교육열 모색기, 교육열 탈주기로 구분했다.

1) 1900년 이전: 전근대적 사회체제 - 교육열 잠재

이 시기는 전 근대사회로서 신분제도에 의해서 일반적인 사회적 지위가 귀속적으로 결정되었다. 따라서 일부 지배계급을 제외한 대부분의 사람들은 교육을 통한 사회적 지위의 획득을 꾀할 수 없었다. 또한 산업과 기술이 오늘날과 같이 다양하게 발달하지 않았기 때문에 교육을 통한 경제적 지위의 상승을 기대하기가 어려웠다. 따라서 이 시기에는 오늘날과 같이 사회 전반에 걸쳐서 생존과 관련된 치열한 교육열 현상을 드러내지 않았다.

그와 달리 일부 제한된 집단, 즉 지배집단 내에서는 교육의 결과에 따라서 정치적 지위가 좀 더 세분되어 결정되기도 했다. 그래서 일부 집단에서는 가문의 명예를 걸고 자녀의 교육에 전념하기도 했지만, 그것의 성패가 신분의 근본적인 변화를 가져오지는 않았다. 또한 그들은 대체로 토지에 의한 경제적 기반을 갖추고 있었기 때문에 그것의 성패가 생존 자체에 큰 영향을 미치는 것도 아니었다. 또한 잦은 전쟁, 질병, 기근, 정치적 격변, 상대적으로 짧은 수명 등으로 인해서 인구가 일정 수준을 유지하고, 정치적 지위가 비교적 빨리 순환된 것도 그들 내에서 교육열 현상이 강화되지 않은 이유가 될 수 있다.

요컨대, 이 시기의 교육은 안정된 신분사회에서 일부 지배집단의 신분을 나타내는 일종의 징표이자, 전 근대적인 사회체제 또는 신분제도를 유지하는 기제로서의 기능을 수행했다고 볼 수 있다. 지

이에 대해서 이종각, 유혜령, 한용진 교수 등은 사석에서 용어의 일관성 부족 등을 지적하고 수정할 것을 제안했다. 아직 충분히 만족스럽지 않지만, 본 연구자는 그분들의 지적을 반영하여 각 시기의 구분 시점과 명칭을 변경했다.

배집단이 교육을 통해서 스스로를 피지배집단과 구분하고, 자신의 지배를 정당화했다고 볼 수 있다. 따라서 이 시기의 교육열은 전 근대적인 사회체제를 유지하는 기능을 수행했다고 볼 수 있다.

또한, 이 시기의 교육열 현상은 이후의 시기에서 볼 수 있는 교육열 현상과는 근본적으로 성격을 달리 한다. 전자가 전 근대적인 사회체제의 범위 내에서 제한된 집단에서만 드러나는 것이라면, 후자는 특정한 사회체제를 넘어서는 가운데 거의 모든 집단에서 드러난다. 또한 전자가 일부 집단의 상징적이고 정치적인 생존을 추구하는 과정에서 발생하는 것이라면 후자는 전 집단의 사회적이고 경제적인 생존을 추구하는 과정에서 발생한다. 그렇지만, 이 시기의 피지배집단의 사람들 역시 교육열의 가능성을 가지고 있었다. 다만 사회적 조건이 성숙하지 않음으로써 그것이 발휘되지 않았을 뿐이다.

2) 1900~1950년: **교육열 생성 - 근대적 사회체제로 전환**

이 시기는 우리나라가 강제적으로 세계의 정치, 경제 질서에 편입되기 시작하는 때다. 대한제국에 의해서 그리고 일제에 의해서 서구의 근대적인 사회체제가 도입되고 자리를 잡아가던 시기다. 그 일환으로 근대적인 교육제도가 마련되고, 적어도 제도상으로는 그 교육의 결과에 따라서 사회적 지위가 배분되었다.

그런데, 이 시기의 새로운 사회체제나 교육제도는 소수의 불안정한 권력층에 의해서 도입되고 확산되고 유지되었기 때문에, 그 권력의 정당성에 동의하지 않는 다수의 사람들은 그들이 만든 사회체제와 교육제도를 부정했다. 그 반대로 권력층은 교육제도를 통해서 권력의 정당성을 확보하고, 새로운 사회체제를 곧추세우는 데 필요한 인력을 확보하고자 했다. 그 과정에서 기존의 사회체제에 속해 있던 사람들 가운데 일부가 먼저 근대적인 교육제도를 통해서 새로운 사회체제의 일원으로서 사회적 지위를 부여받았다. 그런 사람들이 한때는 주변 사람들로부터 비난을 받았지만, 점차 그것이 생존하는 데 더 유리하다는 것이 확인되면서 점점 더 많은 사람들이 학교를 통해서 새로운 사회체제의 일원이 되어갔다.

이 시기에는 오늘날 우리가 볼 수 있는 교육열 현상의 조건과 가능성을 모두 내포하고 있다고 볼 수 있다. 사회적 지위를 개방하는 가운데, 신분이 아닌 능력에 따라서 지위를 배분하고, 경쟁에 의해서 적합한 능력자를 선발하고, 학력을 능력과 동일시하고, 학교를 통해서 학력을 획득하도록 하고, 학력을 획득하는 것이 사회적 생존에 더 유리하다는 것을 아는 것 등이 그것이다. 그렇지만 이 시기에도 아직은 교육열 현상이 두드러지게 나타나지는 않았다. 아직은 학력이 사회적 지위를 얻는 데 중요한 열쇠가 된다는 인식이 충분히 확산되지 않았고, 그것을 안다고 해도 학력을 얻는 데 필요한 경제적 기반이 불충분했으며, 지원자에 비해서 새로운 사회체제에서의 관료적 지위가 훨씬 더 여유가 있었기 때문이다.

이 시기의 교육, 특히 학교교육은 우리나라의 전 근대적인 사회집단을 근대적인 사회 집단으로 사회화해가는 과정으로 볼 수 있다. 교육이 대립적이던 두 집단을 매개하고, 권력을 가지지 않을 집단을 권력을 가진 집단 쪽으로 통합해가는 과정인 셈이다. 비유적으로 말하면, 교육은 우리나라의 전 근대적인 사회체제를 근대적인 사회체제로 전환하는 스위치와 같은 역할을 했다고 볼 수 있다.

그리고 개인의 처지에서 보면 학교는 자신이 속한 집단을 전환하는 관문과 같은 곳이라고 볼 수 있다. 그 교육으로 인해서 개인적으로는 사회적 지위를 얻을 수 있었고, 사회 전체적으로는 새로운 체제를 안정적으로 전환시켜 갈 수 있었다. 즉 이 시기의 교육열은 전근대적인 사회체제를 근대적인 사회체제로 전환해가는 역할을 수행했다.

3) 1950~1970년: 교육열 생장 - 근대적 사회체제 정착

이 시기는 우리나라가 일제로부터 해방되고, 독립정부 주도로 근대적 사회체제를 수립해 가는 때다. 그렇지만, 엄밀하게 말하면 이 시기의 사회체제는 일제가 수립해 놓은 것을 이어받은 것이며, 그 운영의 주체만 달라졌다고 볼 수 있다. 또한 이 시기에는 좌익과 우익 사이, 독재 진영과 민주 진영 사이에 정치적 갈등을 지속적으로 겪던 때이기도 하다. 그와 동시에 우리나라는 미국 중심의 세계 자본주의 정치, 경제 질서에 본격적으로 종속되는 방식으로 편입되어갔다. 정부는 경제의 부흥을 위해서 차관을 도입하고 대미 수출 중심의 경제 정책을 주도하고, 그에 힘입어 민간 부분의 기업이 확산되면서 새로운 경제체제에 적합한 인력이 점차 요구되었다. 학교는 거기에 필요한 인력을 지속적으로 공급했다.

이런 과정을 통해서 거의 모든 사람들이 학교를 통하지 않고는 사회적 지위를 얻지 못한다는 것을 알게 되었다. 일부 경제적으로 여유가 있는 집단의 사람들은 학교 외에도 과외 등을 통해서 자녀가 사회적 지위를 획득하는 데 유리한 학력을 확보하도록 했다. 교육열의 범위가 확장되어가기 시작했다. 교육열은 거의 모든 사람들에게 자리를 잡았다.

이 시기의 교육은 구조기능주의 사회학에서 말하는 사회화, 선발, 배치의 기능을 전형적으로 수행했다고 볼 수 있다. 사람들은 개인의 능력, 즉 학력에 따라서 사회적 지위를 부여받을 수 있었다. 그것을 아는 사람들은 자신의 자녀를 점점 더 높은 상급학교에 진학하게 했다. 그들에게 정치적 갈등이나 정치적 입장은 중요하지 않았다. 비사회적인 존재인 아이들은 학교 교육을 통해서 사회적인 존재가 되어갔다. 즉 근대적 사회체제의 구성원으로서 통합되어 갔다. 그 결과 근대적 사회체제는 점점 더 안정적으로 정착되어 갈 수 있었다. 거기에 교육열이 적절히 기여했다고 볼 수 있다. 즉, 이 시기의 교육열은 근대적 사회체제를 정착해가는 역할을 수행했다.

4) 1970~1990년: 교육열 포화 - 근대적 사회체제 완숙

이 시기의 우리나라는 독재 진영과 민주 진영 사이의 정치적 갈등이 더욱 고조되고, 자본주의 세계 경제 질서로의 편입이 완료되는 시기다. 그만큼 민간부분의 기업이 해외로까지 더욱 확산되고 인력에 대한 수요도 더 많아졌다. 그와 함께 산업체제가 복잡하게 분화되면서 인력의 수요도 증가하고 다양화되었다. 과거보다 더욱 복잡하고 체계적인 지식과 기술을 갖춘 인력을 요구하게 되었다. 무역을 위해서 외국어 능력자도 필요했다. 그들은 더 높은 사회적 지위와 보상을 받았다. 달리 말하면 사회적 지위가 더 세분화되었다. 또한 경제자본의 축적으로 인해서 경제자본뿐만 아니라 문화자본도 사회적 지위를 결정하는 주요한 요소로 자리잡게 되었다.

이런 사회적 상황 속에서 사람들은 자신의 자녀가 세분화된 사회적 지위 체제 속에서 더 높은 사회적 지위를 차지하도록 하기 위해서 더 높고 더 차별화된 학력을 가지도록 노력했다. 정치, 경제적 지위뿐만 아니라 문화적 지위도 차지하도록 하고자 했다. 그럼으로써 정부의 통제에도 불구하고 교육열의 범위는 과외와 학원으로 점점 더 확산되고, 대상 역시 학교의 교과뿐만 아니라 예술과 외국어 등으로 확산되어 갔다. 이제 교육열은 거의 모든 사람들 마음속에 본능처럼 자리 잡았다.

이처럼 확산되어가는 교육열은 더 이상 정부가 제공하는 학교와 관료적 지위만으로는 수용할 수 없었다. 교육열이 포화 상태에 이른 것이다. 그 대신 민간이 제공하는 학원이 교육열을 수용하고 기업의 경제적 지위가 사회적 지위를 수용했다. 특히 사회적 지위의 경우에는 전자보다 후자의 비중이 더 커지기 시작했다. 한편으로는 경제체제의 확장이 교육열과 사회체제 사이의 균형을 유지하도록 했고, 다른 한편으로는 교육열이 정치체제로부터 경제체제의 영역으로 확산되어 갔다.

이 시기의 교육 역시 이전 시기와 마찬가지로 사회화, 선발, 배치의 기능을 수행했다고 볼 수 있다. 다만 사회화의 내용이 좀 더 확장되고, 위계화되고, 분화되고, 확산되었다고 볼 수 있다. 즉 교육은 한편으로는 근대적 사회체제를 더욱 안정적으로 정착시켜가는 기능을 수행했지만, 다른 한편으로는 사회체제를 완숙시켜가는 기능도 수행했다고 볼 수 있다. 즉 이 시기의 교육열은 근대적 사회체제를 정착해가는 동시에 완숙해갔다고 볼 수 있다.

5) 1990년~ : 교육열 탈주 - 근대적 사회체제의 균열

이 시기의 우리나라는 정치적 갈등이 해소되고, 세계의 경제 질서와 정치 질서 그리고 문화 질서에 이르기까지 주변부로부터 중심부로 이동해 가는 시기다. 경제체제는 첨단기술 산업 중심으로 전환되어 가고, 민간 기업의 해외로의 확산이 더욱 심화되고, 동시에 외국 기업의 국내 진출도 더욱 활발해진다. 첨단 기술을 가진 인력과 국제적 교섭 능력을 가진 인력이 더욱 많이 요구된다. 2000년을 넘어서면서부터는 문화나 예술 산업 분야에서도 수입 국가에서 수출 국가로의 전환이 이루어진다. 그에 따라서 각 분야 사람들의 해외로의 진출이 더욱 활발해지고, 각 분야를 습득하기 위한 외국인들의 입국 역시 활발해진다. 그에 따라서 사회적 지위는 좀 더 세분되었다. 외국어는 사회적 지위를 얻기 위한 중요한 자본으로 자리잡고, 또 하나의 중요한 시장을 형성하게 된다. 그와 함께 사회적 지위와 관련해서 문화자본에 대한 요구가 증대되면서 문화자본이 중요한 시장으로 형성되었다.

그에 따라서 사회적 지위를 얻는 데 필요한 학력 역시 더 다양해지고 심화되었다. 사람들은 변화된 사회적 상황 속에서 자신의 자녀가 생존에 더 유리한 사회적 지위를 차지하도록 하기 위한 노력들을 진화시켜갔다. 교육열의 범위를 국내의 학교와 학원에서 외국으로까지 확산시켜 나갔다. 교육열의 대상은 지식이나 기술, 예술, 그리고 외국어 등으로 더욱 확산되어 나갔다. 또한 IMF 등의 여파로 인해서 민간산업이 제공하는 사회적 지위가 축소됨으로써 교육열의 영역이 취학에서 취업으로까지 확장되어 가기 시작했다. 많은 사람들이 고시에 매달리기 시작했다. 많은 부모들이 자녀의 소년기를 넘어서 청년기에 이르도록 교육열을 간직해야 했다. 교육열의 시간과 기간이 확장되었다. 자녀의 사회적 지위를 확보해주기 위해서 부모가 생산한 것의 상당부분을 투여해야 했다. 자녀의 사회적 지위를 위한 부모의 교육열에서, 자녀를 위한 교육열을 위한 부모의 사회적 지위가 요구되기 시작했다. 교육열이 점점 더 삶의 중심으로서 자리 잡기 시작했다.

그런데 기존의 근대적 사회체제와 그 체제의 일부인 학교는 교육열을 더 이상 감당할 수 없게 되었다. 관료적 지위는 말할 것도 없고 상급학교에의 요구, 문화자본에의 요구, 외국어 자본에의 요구 등을 사회체제가 모두 다 수용할 수 없게 되었다. 또한 민간산업이 제공하는 사회적 지위 역시 한계에 다다랐다. 근대적 사회체제의 한계가 드러나기 시작했다.

이런 상황에서 교육열이 스스로 돌파구를 찾았다. 그것은 크게 다섯 가지 방향으로 전개되었다.

첫째는 내부로의 확장이다. 학원 산업의 팽창이 그것이다. 학원은 한편으로는 학교를 대신해서 사회화의 기능을 수행하고, 다른 한편으로는 사회적 지위를 생산해냈다. 물질적 생산산업 분야가 제공하는 사회적 지위에 의존하지 않고서도 교육열의 요구를 부분적으로나마 스스로 해소할 수 있게 되었다. 이제 교육열은 스스로 자기 충족 체제를 모색하기 시작한 것이다.

둘째는 외부로의 확장이다. 경제적 자본을 가진 사람들은 자신의 자녀가 어릴 때부터 학교 교과목 외에 예술이나 외국어 등을 과외와 학원을 통해서 뿐만 아니라 외국에서 학습하도록 한다. 점점 더 많은 사람들이 자녀를 대학원에 진학하게 하고 해외로 유학하게 한다. 그들 가운데 일부는 외국에서 사회적 지위를 획득한다.

셋째는 내부로의 이탈이다. 경제적 자본을 가지지 못한 사람들은 하루하루 살아가는 것이 힘겨워서 자녀의 사회적 지위는 염려조차 하지 못하고 방치한다. 그들의 자녀들 대부분이 중등교육만 마치거나 중도에 탈락한다. 학교 붕괴 현상이 심화된다. 거기에다가 이주민, 탈북자 등이 여기에 가세한다.

넷째는 외부로의 이탈이다. 일부 사람들은 교육을 통한 사회적 지위를 얻기 위한 지나친 경쟁과 소모적인 삶에 염증을 느낀 나머지 해외로 이주한다.

다섯째는 내부에서의 탈주다. 일부 사람들은 자본주의적이고 근대적인 사회체제에서의 경쟁적인 삶 자체를 부정하고 공동체적이고 탈근대적인 삶을 추구한다. 그런 삶을 자녀에게 안내하기 위해서 대안 학교 등을 모색한다.

이렇게 하고도 지난 시기보다 더 많은 사람들이 원하는 사회적 지위를 얻지 못한다. 교육열 현상의 참여자, 범위, 대상, 영역, 시간의 확산이 더 심화된다. 부모는 더 많은 자본과 시간을 자녀를 위해서 투자해야 한다. 교육열이 더 중요한 삶의 중심이 되고, 교육열을 위한 삶을 살아가게 된다.

이 시기의 교육은 복합적인 기능을 수행한다. 부분적으로는 기존의 교육과 마찬가지로 사회화와 선발과 배치의 기능을 수행한다. 여기에 덧붙여서 계층에 따라서 사회화의 내용이 달라지고 일부 집단에서는 그 기능마저 수행하지 못하거나 전혀 다른 내용의 사회화를 추구함으로써 사회체제의 계층별 분화를 촉진하기도 하고, 더 나아가 근대적 사회체제의 균열을 내보이기도 한다. 그런 과정에서 학원과 같은 독자적인 산업 영역을 확장시킴으로써 교육열이 근대적인 사회체제 자체를 변화시키기도 한다. 즉 교육이 근대적인 사회체제의 부수적인 영역으로부터 독립적인 영역으로 자리 잡게 함으로써 사회체제를 재구성하는 것이다.

따라서 이 시기의 교육열은 한편으로는 아직 근대적 사회체제를 유지시키기도 하지만, 다른 한편으로는 근대적 사회체제를 분화시키기도 하고, 붕괴시키기도 하고, 새롭게 구성하기도 한다. 달리 말하면 교육열로 인해서 우리의 사회체제가 전반적으로 전환되어 가고 있다고 볼 수 있다. 그 점에서 이때의 교육열은 근대적인 사회체제를 전환해가는 역할을 수행한다고 볼 수 있다. 물론 이때의 전환은 1900년대 초기와는 다른 의미의 전환이다. 당시의 전환은 누군가 만들어놓은 청사진에 따라서 이루어진 것이라면 현재의 전환은 청사진을 그려가는 전환이다. 따라서 이때의 교육열은 당시의 교육열과 대비해서 능동적 교육열이라고 말할 수 있다.

5. 교육열의 의미

이상에서 살펴본 교육열 현상의 확산 정도와 유형, 그리고 교육열의 사회적 의미를 사회적 상황과 관련해서 간단히 정리하면 다음 〈표 3-2〉와 같다.

〈표 3-2〉 교육열 현상과 사회적 상황 사이의 관련

시기(년도)	교육열 확산 유형	사회적 상황	교육열의 의미
~ 1900	교육열 잠복	전 근대적 사회체제	체제 유지
1900 ~ 1950	교육열 생성	근대적 사회체제 전환	체제 전환
1950 ~ 1970	교육열 생장	근대적 사회체제 정착	체제 정착
1970 ~ 1990	교육열 포화	근대적 사회체제 완숙	체제 완숙
1990 ~	교육열 탈주	근대적 사회체제 균열	체제 전환

앞의 설명과 위의 표를 보면 몇 가지 다음과 같은 사실을 알 수 있다.

첫째는 사회 체제를 중심으로 보았을 때 각 시기마다 교육의 기능이 달라진다는 것이다. 그와 함께 교육열의 의미도 달라진다는 것이다. 물론 개인을 중심으로 볼 때는 교육을 통한 자녀의 사회적 지위 확보 행위라는 점에서 동일하지만, 사회적 상황을 중심으로 볼 때는 교육이 수행하는 기능은 서로 다르다. 교육이 사회화, 선발, 배치 기능을 통해서 기존의 사회를 유지하기만 하는 것이 아니라, 체제를 전환시키는 기능을 수행하기도 하고, 기존 사회체제를 재구성하거나 균열시키는 기능을 수행하기도 한다. 그에 따라서 교육열의 의미도 달라진다.

둘째는 교육열의 확산과 사회체제 사이에는 불일치가 존재한다는 점이다. 우리나라에 근대적 사회체제가 도입될 당시에는 교육열이 상대적으로 부족했다. 그러나 근대적 사회체제가 정착되고 난 후에는 사회체제가 교육열을 충분히 수용하지 못하고 한계에 도달했다.

그 이후에는 교육열이 사회체제가 수용할 수 있는 것 이상으로 초과되고 마침내 사회체제를 재구성해가거나 균열되도록 하였다.

셋째는 교육열은 끊임없이 새로운 영역을 찾아서 확장해간다는 점이다. 초기의 교육열은 학교 제도를 중심으로 참여자가 확산되는 방식으로 확산되었다. 그러다가 점차 교육열이 발휘되는 범위, 대상, 영역, 시간 등이 확장되어 갔다. 그것은 앞서 이종각(2003)이 교육열의 결합법칙과 운동법칙으로 설명한 그대로다.

넷째는 교육열이 사회적 상황을 반영하기만 하는 것이 아니라, 사회적 상황이 교육열에 의해서 변화되기도 한다는 점이다. 그 점은 직접적으로는 2000년 이후로 우리나라 사회에서 학원 산업이 팽창했다는 사실로도 알 수 있지만, 전반적으로 교육열이 사회체제의 전환, 정착, 완숙, 균열, 그리고 재구성 등의 변화를 가능하게 했다는 점으로도 알 수 있다.

다섯째는 교육열이 사회 변화의 중요한 동인 가운데 하나라는 점이다. 이상에서 살펴본 것처럼 새로운 사회체제로의 전환, 정착, 완숙, 균열, 구성 등의 과정에는 교육열이 자리잡고 있다. 구조기능주의 사회학에서 말하는 사회화 역시 저절로 이루어지는 것이 아니라 교육열에 의해서 이루어짐을 알 수 있다. 특히 전쟁이나 대규모 자연재해 등이 적고, 인구가 증가하고 수명이 길어지는 현대 사회에서는 교육열이 사회변동의 주요한 동인이 됨을 알 수 있다.

여섯째, 이상의 발견 사항을 정리해 볼 때, 교육열이 발휘되고 확산되어가는 정도와 유형은 그 사회체제의 특성을 알 수 있는 지표가 될 수 있다는 점이다. 더 나아가서는 교육열 현상을 중심으로 사회적 유형을 구분할 수도 있을 것이다. 교육열의 확산이 참여자에만 한정되어서 이루어질 때 그 사회체제는 안정적이고, 체제 내에서의 발전 가능성을 가지고 있지만, 범위와 대상 그리고 영역 등으로 확산되어 갈 때는 그 체제가 한계에 도달했음을 알 수 있다는 것이다. 또한 교육열이 집중하는 대상이 무엇인지 알면 그 사회가 내적으로 또는 외부 사회와 관련해서 어떤 상황에 처해있는지도 알 수 있을 것이다. 예를 들면 예술과 관련해서 교육열이 집중된다면 그 사회의 경제적 자본이 비교적 축적되어 있음을 알 수 있고, 외국어에 집중된다면 외국과의 관계가 활발함을 알 수 있다. 그 역도 가능할 것이다.

6. 문화적 유전자(meme)[11]로서의 교육열

이상은 아주 거친 수준이긴 하지만 교육열 현상을 사회적 차원에서 해석한 결과다. 본 연구자는 제한된 자료와 어설픈 상상을 토대로 교육열과 사회적 상황 사이의 관련을 사회체제를 중심으로 살펴보았다. 그 결과 앞서 살펴본 여섯 가지 사실을 알아냈다. 물론 그 가운데는 그릇된 것도 있을 수 있고, 미처 알아내지 못한 것도 있을 것이다. 어느 경우건 이 논의가 타당한지 여부는 수많은 실증적인 자료에 의해서 검증되어야 할 것이다. 그럼에도 불구하고, 이제까지 교육열과 관련해서 살펴본 결과에 덧붙여서 몇 가지 추가적인 생각을 정리해보면 다음과 같다.

11) 'meme'은 도킨스(Richard Dawkins, 1976)가 「이기적 유전자」(The Selfish gene)"에서 처음 고안하여 사용한 용어다. meme은 인간의 두뇌에 저장되어 있는 가장 기초적인 정보의 단위다. 그것은 사회적 학습에 의해서 세대 간에 전승되며, 문화를 진화하도록 하는 선택적인 힘에 의해서 행위로 나타난다(Harris, 1999, p. 20 재인용).

본 연구자는 이 연구를 통해서 교육열은 현재 우리의 삶에 있어서 문화적 유전자(meme)와 같다는 생각을 하게 되었다. 그 유전자는 우리가 근대적인 사회체제를 도입하면서 그림자처럼 함께 주어졌다. 우리가 세계 자본주의 경제 질서의 중심부로 진입해갈수록, 우리의 삶이 자연적인 환경에 의존하지 않고 인위적인 환경에 의존할수록 그 유전자는 더 진해져왔다. 어쩌면 호모 사피엔스 사피엔스(Homo Sapiens Sapiens)인 크로마뇽인이 호모 사피엔스(Homo Sapiens)인 네안데르탈인을 물리치고 지구를 장악한 바로 그 때부터 교육열의 유전자는 우리 몸속에 자리 잡고 있었는지 모른다.

아마도 이후로 교육열은 지금보다 더 다양한 형태로 그 모습을 드러낼 것이다. 더 많은 사람들이 그동안 국내에만 한정되었던 사회적 지위를 외국에 가서 찾으려고 할 것이다. 지금도 꽤 많은 사람들이 외국계 기업이나 외국의 기업과 기관에 취업하고 있다. 지난 대통령 선거에서는 모 대통령 후보가 젊은이들을 외국에 취업하도록 함으로써 실업 문제를 해결하겠다고 공약하기도 했다. 그것은 현재의 사회체제를 유지하는 가운데 교육열이 제국주의화하는 것이다. 아마도 통일이 되면 교육열의 제국주의화 가능성은 더욱 커질 것이다.

또한 그 때가 되면 교육은 더 다양하고 복합적인 기능을 수행하게 될 것이다. 일부 사람들은 높은 사회적 지위 대신 안정된 직업과 여유롭고 조화로운 삶을 선택할 것이다. 지금도 꽤 많은 사람들이 모험과 희생이 따르는 직업 대신 안정된 직장을 얻기 위해서 교사나 공무원 임용 시험에 지원한다. 또 다른 일부 사람들은 마지못해서이건 스스로 선택해서이건 지금까지의 사회체제가 가치있는 것으로 간주해왔던 삶의 모습, 즉 권력·부·명예를 가진 삶을 부정하고 대안적인 삶을 추구할 것이다. 그것은 곧 기존의 사회체제를 부정하는 것이기도 하다. 아마도 이런 다양한 움직임이 앞으로의 우리의 사회체제를 새롭게 구성하게 될 것이다. 위의 세 가지 또는 다른 유형들 가운데 어떤 움직임이 더 지배적인가에 따라서 형성되는 사회체제의 구체적인 모습은 달라질 것이다. 그리고 그 과정에는 정치적인 역동, 경제의 변화 등이 변수로 작용할 수 있을 것이다.

만일 현재 우리의 삶 속에서 교육열이 유전자와도 같은 것이라면, 그렇지만 우리가 어떤 삶을 선택하고 추구하는 가에 따라서 우리가 살아가게 될 사회의 모습이 달라지게 된다면, 이제 한번쯤은 우리가 그동안 살아왔던 삶의 모습을 한발 물러서서 차분하게 되돌아볼 필요가 있을 것 같다. 우리가 왜 이렇게 살아갈 수밖에 없는지, 우리가 살아가는 현재의 이 삶이 우리가 놓여 있는 사회 전체와 우리의 역사와 어떤 관련이 있는지 만이라도 알 수 있게 된다면, 그리하여 우리가 앞으로 어떻게 살아가는 것이 자신과 모두에게 이로운지를 다시 생각할 수 있게 되었다면 미래의 우리 삶은 적어도 현재보다는 더 나아지지 않을까 생각한다.

제4장

학교 밖 청소년과 지역사회

1. 왜 "학교 밖" 청소년인가?
2. 왜 학교 밖 청소년에 관심을 갖는가?
3. 왜 학교 밖 청소년에 관심을 가져야 하는가?
4. 무엇이 학교 밖 청소년을 위하는 일인가?

CHAPTER 4

학교 밖 청소년과 지역사회[1)]

1. 왜 "학교 밖" 청소년인가?

"학교 밖 청소년"을 지칭하는 다른 용어로 "중도탈락 학생", "학업중단 학생", "탈학교 청소년" 등이 있다. 그들을 어떤 용어로 부르건 거기에는 학교를 중심에 둔 사고가 자리잡고 있다. 즉 학교 또는 학업을 청소년을 판단하는 주요한 준거로 삼고 있다. 이는 우리 사회에서 학교가 그만큼 중요한 위치를 차지하고 있음을 의미한다. 그렇다면 학교가 어떤 점에서 중요한가?

현재 우리 사회에서 학교는 우리 사회의 구성원을 사회화하는 주요한 기관으로서의 기능을 수행한다. 우리 사회는 회사, 교회, 군대, 경찰, 정부 등과 같이 서로 다른 역할을 수행하는 크고 작은 집단들이 서로 유기적으로 관련을 맺는 가운데 하나의 집단을 구성한다. 그리고 각 집단은 고유한 역할을 수행하는 서로 다른 사람들로 구성되어 있다. 따라서 우리 사회가 정상적으로 유지되기 위해서는 각각의 집단이 정상적으로 유지되어야 하고, 각각의 집단이 정상적으로 유지되기 위해서는 각 집단에 속한 개인들이 자신에게 주어진 고유한 역할을 충실히 수행할 수 있어야 한다. 그것은 자동차가 잘 달리기 위해서는 자동차를 구성하는 부품들이 자신의 역할

---

1) 이 글은 "학교 밖 청소년과 지역 사회"(학교 밖 청소년을 위한 지역사회 포럼, 성남디딤돌학교 외, 2004년 12월 15일)를 일부 수정한 것이다.

을 잘 수행해내야 하는 것과 유사하다.

그런데 인간 사회의 구성원들은 일정한 시기가 지나면 죽거나 연로해짐으로써 그 역할을 더 이상 수행할 수 없게 된다. 따라서 사회가 지속적으로 유지되기 위해서는 누군가 그 역할을 대신 해야 한다. 때로는 우리 사회에 새로운 기능이 요구되고, 그에 따라서 그 기능을 수행할 수 있는 새로운 집단과 개인이 요구되기도 한다. 그 역할은 누구나 처음부터 잘 수행해낼 수 있는 것이 아니므로, 사회는 그 역할을 수행할 수 있는 사람을 사전에 길러내야 한다. 현재 우리 사회에서 그 기능을 거의 독점적으로 수행하고 있는 곳이 바로 학교다.

학교는 우리 사회의 각 집단과 지위에 요구되는 역할을 적절히 수행할 수 있는 구성원을 길러내는 일을 수행한다. 달리 말하면, 학교는 우리 사회의 각 집단과 지위에서 고유한 역할을 수행할 준비가 되지 않은 사람을 각 집단과 지위에서 고유한 역할을 수행할 수 있는 사람으로 만드는 일을 수행한다. 이 점을 일컬어서 20세기 초의 프랑스 사회학자 뒤르케임(E. Durkheim)은 “교육은 비사회적인 존재를 사회적인 존재로 만드는 일”, 즉 사회화하는 일이라고 말했다. 그리고 학교가 그 기능을 수행해야 한다고 보았다. 오늘날 우리 사회의 학교 역시 이러한 사고에 따라서 설립되고 운영되고 있다.

비사회적인 존재가 사회적인 존재로 되기 위해서는 두 가지 요건이 필요하다. 하나는 우리 사회의 구성원들이 공통적으로 가지고 있는 가치와 규범을 내면화하는 일이고, 다른 하나는 각 집단의 지위에서 고유하게 수행할 수 있는 기능을 익히는 일이다. 공통의 가치와 규범만 내면화했을 경우에는 각 집단의 지위에 요구되는 기능을 수행하지 못하고, 기능만 익혔을 경우에는 다른 사람과 조화를 이룰 수 없다. 학교가 사회화 기관이라는 것은 학생들에게 우리 사회의 공통의 가치와 규범을 내면화하고, 장차 특정 집단에서 수행하게 될 기능을 익히도록 하는 곳이라는 것을 의미한다. 즉 학교는 우리 사회가 존립하는 데 있어서 거의 핵심적인 기능을 수행하는 기관이라고 할 수 있다.

요컨대, 학교 밖 청소년이라는 말은 학교를 준거로 청소년을 바라보고, 그만큼 학교를 중요시한다는 점에서 학교에 관한 위와 같은 사고가 전제되어 있다고 볼 수 있다. 그리고 그 사고에 비추어서 "학교 밖 청소년"이라는 말의 의미를 다시 생각해보면, 그들은 '사회화되고 있어야 함에도 불구하고 사회화되지 않고 있는 청소년들'이라고 볼 수 있다.

2. 왜 학교 밖 청소년에 관심을 갖는가?

우리는 "학교 밖 유아"라든가 "학교 밖 노인"이라는 말은 사용하지 않는다. "중도탈락 유아"라든가, "학업 중단 노인"이라든가, "탈학교 성인"이라는 말도 사용하지 않는다. 그것은 그런 용어를 만드는 일이 어법상 불가능하기 때문이 아니라 무의미하기 때문이다. 그렇다면 왜 유독 "학교 밖 청소년"만이 우리에게 의미가 있는가?

청소년은 유아나 노인과 달리 장차 조만간 성인이 되어서 직업을 가지고 특정한 집단의 특정한 지위에서 고유한 역할을 수행해야 하는 처지에 놓여있는 사람이다. 노인은 과거에 그 역할을 수행했거나, 아직 수행하지 않았다고 하더라도 이제서야 사회화되기에는 너무 늦었다. 그리고 유아는 본격적인 사회화 과정을 거치기에는 아직 이르다. 이와 달리 청소년은 성장이 활발한 시기이며, 그에 따라 사회화도 체계적이고 집중적으로 이루어져야 하는 시기이다. 즉 어느 시기보다도 학교에서의 학습이 중요한 시기다. 그럼에도 불구하고 청소년이 학교 밖에 머무르고 있다는 것은 8월의 뜨거운 햇살을 받으며 여물고 있어야 하는 벼가 그늘이나 깜깜한 동굴 속에 놓여있는 것과 다름이 없다.

그렇다면 그늘에 놓여있는 벼에게 8월의 뜨거운 햇볕을 받도록 하는 것이 벼를 튼실하게 여물도록 하기 위한 일인 것처럼 우리가 학교 밖 청소년들에 관심을 갖고 돕는 것은 과연 그들을 위한 일일까?

여기에 대해서 대부분의 사람들은 주저없이 그렇다고 대답할 것이다. 학교 밖 청소년들은 대체로 가족과의 유대가 미약하고, 주거가 불안정하며, 학습에 흥미가 없다. 그들은 가정에서도 학교에서도 인정받지 못할 뿐만 아니라, 때로는 폭력과 생존의 위협에 시달리기도 한다. 그들은 그로부터 벗어나기 위해서 친구들과 어울리면서 말초적인 대중문화에 몸을 맡긴 채 하루하루를 소모적으로 살아간다. 그들이 유일하게 잘 하는 것은 상업적인 광고에 의해서 길든 대로 소비하는 것뿐이다. 우리는 그처럼 살아가는 그들의 모습을 보면서 안타까워하고 동정심을 느끼기도 하고, 그들이 그러한 불행한 삶으로부터 벗어나서 정상적인 삶을 살아가도록 하기 위해서 여러 가지 노력을 기울이기도 한다.

그런데 여기에는 생각해보아야 할 점이 한 가지 있다. 그것은 그들이 과연 우리가 생각하는 것처럼 불행하고 비정상적인가 하는 점이다. 내가 그들을 동정하고, 그들을 위해서 도와주어야 한다고 나설 때는 행복한 삶에 대한 나만의 판단 기준을 가지고 있다. 예를 들면, 안정된 직장을 가지고 자기가 하고 싶은 일을 하면서 적어도 생계를 꾸려가기에 모자라지 않을 정도의 수입을 얻는 가운데 가족과 함께 살아가는 것이 행복하다는 생각 말이다.

그러나 이것은 어디까지나 행복한 삶에 관한 내 기준일 뿐이다. 그들의 눈으로 볼 때는 내가 불행한 삶을 살아가고 있을 수도 있다. 나는 경제적으로는 안정되어있을지는 모르지만 조직에 갇힌 채 주어진 역할만을 수행하면서 살아간다. 여가를 즐기는 데보다 일하는 데 더 많은 시간을 들이고, 상사의 지시와 간섭을 받으며 동료와 경쟁하는 삶을 살아야 한다. 따라서 그들을 불행하다고 보는 것은 나만의 생각이며, 그들을 내가 생각하는 행복한 삶의 방향으로 이끄는 것은 나만의 독단일 수도 있다.

우리가 그들을 돕는 일이 그들을 위한 일이 아닐 수도 있다는 점은 그들의 미래의 삶의 처지를 우리 사회의 계층 구조와 관련해서 살펴보아도 알 수 있다. 물론 우리가 그들을 도와주면 그들은 장차 적어도 현재보다는 나은 직업을 가지게 될 것이다. 그러나 그들이 얻게 될 직업 지위는 대체로 기능직인 경우가 많다. 그것은 사무직이나 전문 기능직, 그리고 전문직이나 관리직보다 낮은 지위에 속해있으며, 장차 그들이 우리 사회에서 지배적인 위치를 차지하고 있는 자본가나 권력가의 위치에 오르기를 기대하는 것은 거의 불가능에 가깝다고 보아야 한다.

그것은 오히려 기술자, 지식인, 자본가, 권력가 등의 순서로 계층화되어 있는 우리 사회의 계층 구조를 정당화하고 강화하는 일이 될 수도 있다. 학교 밖 청소년들이 현 상태에서 장차 얻을 수 있는 직업은 대체로 기능직이며, 그 직업이 다른 직업에 비해서 숫자상으로는 많지만 역시 한정되어있기 때문에 그 직업을 얻기 위해서는 경쟁할 수밖에 없다. 그들이 경쟁에서 이기기 위해서는 현재의 사회 질서를 유지하고 있는 가치와 규범을 충실히 내면화하고 그 직위에 요청되는 기능을 더 잘 익혀야 한다. 즉 "품행을 단정히"하고 "실력을 쌓아야" 한다. 그 일은 결과적으로 자본가로 하여금 양질의 노동력을 싼 값에 얻을 수 있게 하며, 권력가로 하여금 자신의 지배력에 도전할 가능성이 있는 세력을 약화시키거나 우호집단으로 만들기 위한 노력을 하지 않아도 되게 한다.

요컨대, 우리가 학교 밖 청소년들로 하여금 현재의 삶으로부터 벗어나 직업을 가지고 우리 사회의 한 구성원으로서 살아가게 하는 것이 그들을 위한 일일 수도 있지만, 관점을 달리해서 보면 그것은 우리의 일방적인 생각일 수도 있다. 우리의 눈으로 그들의 삶을 불행한 것으로 규정하고, 우리가 생각하는 행복한 삶으로 그들을 이끌어가는 것일 수도 있다. 그리고 그것은 궁극적으로 그들보다는 우리 사회를 지배하고 있는 사람들의 이익에 봉사하는 일일 수도 있다.

3. 왜 학교 밖 청소년에 관심을 가져야 하는가?

위와 같은 점들을 고려하면 사람에 따라서는 학교 밖 청소년들을 애써 현재의 사회 질서 속에 편입시키는 것보다는 그들 나름대로 살아가도록 내버려두거나, 맑스(K. Marx)나 프레이리(P. Freire)가 했던 것처럼 학교 밖 청소년들로 하여금 계급의식을 갖도록 해야한다고 주장할 수도 있다. 그러나 이러한 주장은 우리 사회를 고립된 집단으로서 파악할 때만 검토가 가능하다. 우리 모두 잘 알다시피 우리나라는 세계의 정치, 경제 질서 속에 편입되어 있다. 우리나라는 미국, 중국, 소련, 일본의 한 가운데 놓여있음으로써, 네 나라가 각각 우리나라를 서로를 견제하기 위한 발판으로 삼기 위해서 다양한 전술과 전략을 구사한다. 또한 우리나라 경제는 수출에 절대적으로 의존하고 있으며, 국방 역시 외국의 지원 없이는 안전을 확보하기 힘들다.

이런 상황에서 우리나라는 국가적 차원의 생존의 문제를 고민하지 않을 수 없으며, 그 고민의 한 자락으로서 학교 밖 청소년의 문제가 놓여있다. 우리나라의 경우 매년 약 7만 명 정도가 학교를 중도에 떠나고, 그 추세대로라면 지난 10년 동안 약 70만 명이 학교를 떠났다고 볼 수 있다. 앞서 살펴본 것처럼 우리 사회에 학교 밖 청소년이 많아진다는 것은 사회화되지 않은 사람이 많아진다는 것을 의미하며, 사회화되지 않은 사람이 많아진다는 것은 그만큼 우리 사회의 유기적 통합성이 약해진다는 것을 의미한다.

그것은 다음 두 가지 점에서 그러하다. 하나는 그들이 우리 사회의 공통된 규범과 가치를 내면화하지 않은 채 살아감으로써 다른 구성원들과 갈등을 빚을 가능성이 많아지기 때문이다. 그 갈등은 가벼운 일탈로 머무를 수도 있지만, 비행이나 타인에 대한 범죄 행위로 발전할 수도 있다. 2000년 대검찰청의 자료에 따르면 우리나라 6세 이상 전체 인구 가운데 범죄자의 비율은 약 5.3%인데 비해서, 초등학교 중퇴자의 범죄율은 11.7%, 중학교 중퇴자의 범죄율은 31%, 그리고 고등학교 중퇴자의 범죄율은 34%에 이른다.(대검찰청, 2000) 다른 하나는 그들이 우리 사회에서 일탈 행위를 범하지 않는다고 해도 그들이 계속 안정된 직업을 가지고 살아가지 못할 경우 그들에 대한 국가의 복지 부담이 증가하고, 그로 인해서 국가의 재정에 위기가 초래되기 때문이다. 최근 들어서 북유럽의 여러 국가들이 기존의 복지정책을 수정하려고 하는 것도 이 점 때문이다.

요컨대, 우리 사회에 학교 밖 청소년이 많아진다는 것은, 비유해서 말하면, 자동차 경주 대회에 참가한 한 자동차가 한쪽 바퀴는 찌그러진 채 점점 더 많은 짐을 싣고 달리게 되는 것과 마찬가지라고 볼 수 있다. 그것은 결과적으로 우리나라의 경제를 점점 더 위태로워지게 하고, 구한말의 경우에서 볼 수 있는 것처럼 우리나라를 둘러싼 국가들의 침입 가능성을 확대시킴으로써 국가 차원뿐만 아니라 개인 차원의 생존까지도 위태롭게 만들 수 있다. 결국 우리가 학교 밖 청소년에 관심을 가지는 것은 그들을 위해서라기보다 궁극적으로는 우리 모두, 그리고 나 자신의 생존을 위한 일이라고 볼 수 있다.

4. 무엇이 학교 밖 청소년을 위하는 일인가?

그런데 우리가 학교 밖 청소년에게 관심을 가지는 것이 우리 모두를 위한 일이라고 할 때 그것은 우리의 생존과만 관련되어 있는 일은 아니다. 그 일은 우리가 인간으로서 인간답게(?) 또는 실존하는 삶을 살아가는 것과도 관련이 있다. 그 점은 지금과 같은 모습의 학교가 언제 왜 탄생하게 되었으며, 오늘날 왜 학교 밖 청소년이 양산될 수밖에 없는지를 살펴봄으로써 알 수 있다.

인류의 역사 속에서 현재의 모습과 같은 학교가 등장한 것은 서구의 경우 19세기 전후이고, 우리나라는 20세기에 접어들면서부터다. 이 시기는 민족 단위의 근대적 국가가 형성되고, 국가를 단위로 하는 자본주의 경제 체제가 정착되어 가던 때다. 그 전까지는 지역 단위를 중심으로 사회가 유지되고, 생산과 소비 역시 지역을 단위로 해서 이루어졌다. 따라서 사람들의 일상적인 삶도 지역사회를 중심으로 이루어졌다. 아이들은 지역사회에 태어나서 부모의 돌봄 속에서 또래 아이들과 어울리고, 부모와 지역사회의 어른들이 하는 일을 보고, 돕고, 하는 가운데 부모의 뒤를 이어서 지역사회의 한 일원으로서 성장해갔다. 즉 지역사회 속에서 살아가는 동안 자연스럽게 지역사회 공통의 가치와 규범을 내면화하고, 생존에 필요한 기능을 습득하며, 지역사회의 다른 구성원과 함께 지속적인 관계를 유지하면서 살아갔다.

그런데, 국가 단위의 대규모 사회가 형성되고 산업자본주의가 발달함에 따라 국가와 자본가 모두 새로운 정치체제와 경제체제에 적합한 인력을 대량으로 필요로 했지만 전통적인 가족이나 지역사회는 거기에 적합한 인력을 제공할 수 없었다. 새로운 정치체제와 경제체제가 요구하는 인물은 지역사회의 범위를 벗어나는 존재였기 때문이다. 따라서 국가와 자본가는 그러한 인력을 대량으로 생산할 수 있는 별도의 기관을 설립하였고, 그것이 오늘날의 학교와 같은 형태로 자리잡았다.

그런데 국가가 새로운 사회에 적합한 인력을 생산하기 위해서 학교를 설립하기는 했지만, 그 학교에서 수학해야 하는 학생도 새롭게 마련할 수는 없었다. 즉 학교에서 수학하는 학생은 기존의 지역사회에 거주하는 아이들일 수밖에 없었다. 아이들은 지역사회에 거주하면서 특정한 지역사회의 일원이 아니라 국가라는 보편적인 사회의 일원으로 형성되어갔고, 학교를 졸업하면 부모의 뒤를 이어서 지역사회의 일원이 되는 것이 아니라 새로운 직업 지위를 배치 받고 낯선 지방에서 살아가야 했다. 부모들은 그것을 자랑스럽게 생각했다. 그리고 국가나 자본가는 아이들이 더 높은 학력을 소지할수록 더 높은 직업 지위를 부여하고, 더 많은 보상을 제공했다. 그에 따라서 부모들은 자신의 아이에게 더 높은 직업 지위를 안겨주기 위해서 아이를 점점 더 상급학교로 진학시키기 위해서 노력했으며, 그럴수록 아이와 부모, 아이와 지역사회 간의 유대는 점점 더 희박해져갔다. 그 대신, 학교가 과거의 지역사회가 수행하던 역할을 대신 수행했다. 학교의 담임교사는 국가라는 거대한 사회 속에서 아이의 부모와 같은 역할을 수행하고, 이웃 학급의 교사들은 동네 어른들의 역할을 수행했다.

그러나 학교와 교사가 과거 지역사회와 부모의 역할을 수행한다고 해서 아이들과 교사의 관계가 과거의 지역사회나 부모와의 관계만큼 긴밀한 것은 아니다. 아이들은 학교에 다니는 동안 해마다 다른 교사를 담임교사로 맞게 되고, 일정한 시기가 되면 학교를 떠나야 한다. 학교와 교사는 아이들이 평생 함께 거주하고 관계를 맺으면서 살아가는 장소와 사람이 아니라 잠시 머무르는 동안 관계를 맺었다가 떠나가는 중간 기착지에 불과한 것이다.

거기에다가 이 중간 기착지에서 아이들은 컨베이어 벨트 위에 놓인 채 성형과 조립을 기다리는 재료와 같은 존재로 간주된다. 학교에서 아이들이 배워야 할 내용과 수준과 방법과 순서는 이미 정해져 있다. 공장에서 재료의 상태나 특성에 따라 컨베이어 벨트의 이동 속도나 경로가 달라지지 않듯이 학교에서도 아이들의 수준이나 특성에 따라서 가르치는 내용과 수준과 방법과 순서가 달라지지 않는다. 공장에서 제조 공정에 적합하지 않은 재료는 불량품으로 처리되어 폐기되듯이 학교의 교육과정이나 진도에 적합하지 않는 학생은 학습부진아 또는 부적응아로 간주되고, 마침내 학교를 떠나기도 한다. 그들이 학교 밖 청소년들이다.

이 학교 밖 청소년들은 머무를 곳도 관계를 맺을 어른도 없이 고립된 채 살아간다. 그것은 두 가지 이유 때문이다.

첫째는 과거에 지역사회가 수행하던 기능을 학교가 도맡아서 수행함으로써 지역사회 자체가 와해되었기 때문이다. 따라서 그들에게는 과거의 아이들이 그랬던 것처럼 부모나 어른들이 하는 일을 보고 거들면서 지역사회의 일원으로 성장할 수 있는 기회 자체가 사라졌다.

이 점은 신흥 도시 지역, 특히 저소득 지역에서 더욱 두드러진다. 농촌이나 어촌과 달리 신흥 도시 지역에는 처음부터 지역사회가 존재하지 않았고, 그 중에서도 저소득 지역에는 가난하고 사회적 지위가 낮은 사람들이 주로 거주하기 때문이다. 그들은 거주지 밖의 일터에서 일하면서 하루하루 벌어서 먹고 살아가는 데 급급하므로 타인의 자녀는 물론이고 자신의 자녀조차 관심을 가질 여유가 없다. 거기에다 그들은 자신의 현재 지위에 불만을 가지고 있으므로 자신의 자녀들은 자신과 다른 일을 하기를 바라고, 그러기 때문에 아이들을 더욱 학교로 내몬다.

그러나 처음부터 학교는 이 아이들에게는 너무 높은 곳이었고, 그들은 더 이상 따라 올라갈 수 없게 되자 학교를 그만두지 않을 수 없었다. 그 동안 이 아이들에게 남은 것은 그들이 현재 몸을 의탁하고 있는 그곳은 자신이 머물러 살 곳이 아니며, 자신의 부모와 동네의 어른들은 자신이 닮아야 할 사람이 아니라는 인식뿐이다. 그리고 이러한 인식은 이 아이들이 대중 영상 매체를 통해서 연예인 등과 같은 사람을 삶의 이상으로 내면화함으로써 더욱 강화된다.

둘째는 학교 밖 청소년들이 아직 사회화되지 않았기 때문이다. 즉 그들은 아직 전체 사회에서 보편적인 것으로 간주되는 가치와 규범을 내면화하지 못하고 있을 뿐만 아니라, 직장에서 요구하는 기능을 익히지도 못했다. 따라서 그들은 안정적인 직업 집단에 속할 수도 없다. 이러한 이유에서 그들은 지역사회와 직업 집단 어느 곳에도 속하지 못한 상태에서 대중 영상 매체와 상업 자본이 조작하는 허구적 이미지의 세계 속에서 고립된 채 살아간다. 그리고 그 세계를 유지하기 위해서 또래 집단과 어울리고, 거기에 요구되는 비용을 마련하기 위해서 때로는 비행이나 범죄의 유혹에 빠져들기도 한다.

그런데, 오늘날과 같은 대규모 국가 사회에서 고립된 채 살아가는 것은 학교 밖 청소년들만이 아니다. 한 때 학교의 우등생이었으며, 현재 직업 집단에서 높은 지위를 차지하고 있는 사람들 역시 마찬가지이다. 학교 밖 청소년들에게와 마찬가지로 그들에게도 학교는 잠시 머물렀던 곳에 불과하며, 학교를 졸업한 이후에 속해있는 직업 집단 역시 그들이 평생 거주할 수 있는 곳이 아니다. 일정한 시기가 되면 직업 집단 내에서 그들의 지위는 높아질 수 있지만 그와 함께 이동해야 하며, 좀 더 시간이 지나면 학교를 떠났듯이 그곳도 떠나야 한다. 그리고 직업 집단 속에서 개인들은 서로 협력하면서 살아가지만, 상사와 부하, 원청 업자와 하청 업자, 고객과 점원 등의 관계와 마찬가지로 그것은 대부분 서로의 필요와 목적에 따라서 기능적으로 맺어지는 관계에 불과하다. 그 관계는 그 지위로부터 떠나게 되면 함께 사라지고, 그들 역시 고립되게 된다.

그들이 고립되어 있음을 가장 잘 알 수 있는 순간이 퇴직할 때이다. 그들은 직장을 퇴직하면서 기존의 관계가 모두 상실됨으로써 허무감을 느끼고, 때로는 삶의 의욕마저 상실하게 된다. 학교 밖 청소년에게와 마찬가지로 그들에게도 지역사회는 그들이 머무를 수 있는 곳이 아니다. 그들이 그동안 몸을 의탁해왔던 그 곳은 그들이 태어나서 자라온 곳이 아니거나, 그동안 그들에게 의미있는 관계를 제공하는 곳이 아니었기 때문이다. 이런 이유에서 그들은 지역사회에도 속하지 못하고 왕년의 동료나 비슷한 처지의 젊은 노인들과 어울리는 가운데 그들만의 세계를 구축하고, 그동안 벌어 놓은 돈으로 노후를 즐기면서 살아간다. 이들이 학교 밖 청소년과 다른 점이 있다면, 이들은 비교적 경제적으로 여유가 있다는 점이다. 이것이 현재 우리가 살아가고 있는 모습이기도 하고, 장차 겪게 될 삶의 모습이기도 하다.

요컨대, 현재의 국가 단위의 대규모 자본주의 산업사회에서 우리는 모두 고립된 채 살아간다. 단지 사람에 따라서 또는 시기에 따라서 그 고립의 정도와 모습이 달리 나타날 뿐이다. 학교 밖 청소년들은 그러한 고립의 경험을 다른 사람들보다 좀 더 먼저 그리고 좀 더 깊게 경험하는 것이다. 그리고 이러한 현상이 발생하는 것은 일차적으로는 지역사회가 와해되었기 때문이지만, 좀 더 근본적으로는 과거의 전통 사회에서 수행하던 지역사회의 기능을 학교가 적절한 방식으로 수행하지 못하기 때문이다.

따라서 학교 밖 청소년의 문제를 해결하는 근본적인 해결책은 지역사회를 회복하는 데 있다고 볼 수 있다. 그리고 그 길은 두 가지 방향에서 모색할 수 있다. 하나는 현대의 대규모 자본주의 산업사회 속에서 과거의 전통적인 형태의 지역사회를 현대적인 방식으로 회복하는 것이고, 다른 하나는 학교가 전통적인 지역사회의 역할을 충실히 할 수 있도록 개혁하는 일이다.

물론 이 두 가지 방향의 작업은 단기간에 이루어질 수 없는 일이지만 동시에 필요한 일이다. 그것은 우리 자신이 개인적으로 생존하는 데 머무르지 않고 이웃과 더불어 친밀한 관계를 맺는 가운데 실존하는 길이기도 하다. 결국 우리가 학교 밖 청소년을 위해서 무슨 일인가를 한다고 하지만 그것은 우리 자신의 실존을 위한 일이며, 그 일이 우리 자신의 실존을 위한 일일 때 비로소 학교 밖 청소년을 위하는 일이 될 수 있다고 말할 수 있을 것이다.

제5장

교수 부진 학교

1. 학습 부진의 악순환
2. 연구 방법과 절차
3. 학습부진의 유형과 의미
4. 학습부진 학생 만들기
5. 학교 체제의 한계
6. 학생을 위한 학교로

CHAPTER 5

교수 부진 학교[1)]

1. 학습 부진의 악순환

최근 들어서 각 시도교육청에서는 학습부진 학생 구제에 많은 관심을 가지고 다양한 노력을 기울이고 있다.[2)] 각 학교에 학습부진 학생을 대상으로 특별보충반 등을 편성하여 학기마다 일정 시간 이상 별도로 지도하라고 지시하고, 그와 관련된 예산도 지원한다. 이에 따라서 각 학교에서는 기초학력검사나 학업성취도 검사 등을 통하여 초등학교 3학년 수준의 읽기, 쓰기, 셈하기 능력을 갖추지 못하거나, 해당 학년에서 요구하는 교과 학습의 수준에 현저히 미달하는 학생을 선별하여 방과 후 시간 등을 이용하여 지도한다.[3)]

1) 이 글은 "학습 부진 학생과 학교 교육의 현실, 그리고 개선의 방향"(한국교육과정평가원 2009년 교육정책포럼 "기초학력 증진을 위한 대안적 정책 방향", 2009년 6월 30일)을 일부 수정한 것이다. 이 글은 한국교육과정평가원의 연구과제 "기초학력 증진을 위한 정책 개발 기초 연구"(2009. 조난심, 이혜영, 권점례, 이신동, 김도남, 서근원) 가운데 본 발표자가 집필한 제4장을 중심으로 수정, 요약, 보완하여 재구성한 것이다.

2) 이하에서 학습부진 학생은 기초학력부진 학생과 교과부진 학생을 함께 지칭한다. 물론 두 용어가 가리키는 대상은 분명히 서로 다르지만, 이 연구를 위한 면담에 참여한 학생들 중에는 양자가 모두 포함되어 있고 때로는 어느 종류의 부진인지 확인하기 어려운 경우도 있기 때문이다. 그렇게 된 것은 학교 현장에서 부진학생을 지도할 때는 양자를 엄격하게 구분하지 않고, 본 연구에 참여할 학생을 추천할 때도 그러한 구분을 엄격하게 적용하지 않았기 때문이다.

3) 2008년 초등학교 3학년 국가수준 기초학력검사의 경우 읽기 73점, 쓰기 67점, 수학 62점 미만이면 기초학력 부진으로 진단한다.

이들 학생에 대한 지도는 학교의 정규 교사에 의해서 이루어지기도 하고, 외부 강사에 의해서 이루어지기도 하고, 대학생 멘토에 의해서 이루어지기도 한다. 예를 들면 다음과 같은 경우다.

> 모든 학생들은 3월이면 평가를 보게 되지요. 여기서 미 도달되면 부진아로 선정되고, 4학년은 매 단원마다 평가를 실시합니다. 3학년 때 전국 단위 평가 결과 기초부진아동을 판별하고, 매 단원별 단원평가를 실시 후 60점미만 아동을 교과부진아동으로 판별합니다. 우리 학교는 기초부진아를 화, 목요일 방과 후 특별보충지도를 실시하고 있습니다. 현재 연구부장이 통합학년(4-6학년)에 대한 부진아 지도 교사로 선정되어 지도합니다. 교과부진아는 학년의 담당교사가 매주 수요일 주 1회 실시하고 있는데 비교적 잘 운영되고 있습니다. (이지숙 교사, 인천 청덕초등학교)[4)]

이처럼 대부분의 학교들이 교육청의 지시에 따라서 학년 또는 학교별로 학습부진 학생을 선별하여 학기당 20시간 내외로 지도한다. 이와는 별도로 일부 교사들은 수업 시간이나 쉬는 시간 또는 방과 후 시간 등을 활용하여 담당 학급이나 담당 과목의 부진 학생을 지도하기도 한다. 그리고 이러한 노력이나 성과를 교육청 등에 실적으로서 보고한다. 정부에서는 이러한 보고 내용에 기초해서 학교 현장에서 부진아 지도가 적절히 잘 이루어지고 있는 것으로 판단한다. 위에서 이지숙 교사가 "비교적 잘 운영되고 있습니다."라고 말한 것처럼.

따라서 대부분의 학교에서 부진아 지도가 잘 이루어지고 있다면 우리 학교에서 부진아는 모두 해소되지는 않더라도, 그 숫자가 어느 정도 줄어들어야 할 것이다. 그렇지만 현실은 전혀 그렇지 못하

---

4) 이하에 등장하는 인명, 학교명은 모두 가명이다.

다. 한 마디로 말하면, 우리 학교에서의 부진아 지도는 '밑 빠진 독에 물 붓기'와 다름없이 이루어지고 있다. 위의 이지숙 교사는 이렇게 말한다.

> 오래도록 가르쳤는데 학년이 바뀌면 부진이 반복되니 사실 구제하고 성공하여 얻은 큰 보람이나 성과는 별로 없었던 것 같습니다. 구제된 부진아가 학년이 바뀌면서 다시 부진아가 되어 돌아오곤 하는 게 가장 어렵습니다. … 마치 암기로 해서 구제된 것처럼 보이는 것입니다. 원리나 개념은 모른 채로요. 그래서 행정상으로는 모두 구제된 것처럼 보이지만 부진아들이 지닌 학습의 부진 부분은 계속 남아 있는 경우가 대부분입니다. (이지숙 교사, 인천 청덕초등학교)

이 점은 부진아를 지도하는 교사들이 지역과 학교급에 관계없이 공통적으로 지적하는 사실이다. 전라남도의 중소도시에 위치한 중학교에서 수학을 담당하여 가르치고 있는 김정이 교사는 이렇게 말한다.

> 제가 전에는 20시간 동안에 한 가지만 했어요. 곱하기. 20시간 내내 그 다항식 전개하는 거를, 그것만 20시간을 했어요. 부호 안 틀리게 그것만 20시간을 했는데, 진짜 하위권 20명을 모아서 수업을 하니까, 오늘 죽어라고 가르쳤어요. 잘 해요. 정말 잘 해요. 글고 딱 3문제만 가르쳐주고 3문제를 시험을 봐요. 딱 시험을 보면 3개씩 다 맞아요. 그러면 내일 왔을 때 그걸 똑같은 문제를 주고 시험을 봐요. 또 몰라요. 이게 계속 반복이 돼요. (김정이 교사, 전남 수황중학교)

이 뿐만이 아니다. 그렇게 해서 요행히 학생들이 부진으로부터 벗어났다고 해도 그들의 앞에는 또 다른 부진의 늪이 기다리고 있다. 그 학생들이 과거의 부진을 만회하기 위해서 현재의 시간을 들이는 동안 다른 학생들이 현재 학습하고 있는 것을 배우지 못하기 때문이다. 즉 부진학생이 비록 부진에서 벗어났다고 해도, 그것은 과거의 부진으로부터 벗어난 것이지 현재의 부진으로부터도 벗어나는 것은 아닌 것이다. 교사들은 그 점을 다음과 같이 말한다.

> 3학년 때 국가수준 기초학력평가에서 부진아로 해당이 되는 학생이었어요. 전체 3명 중 1명이었죠. 연지 같은 경우는 4학년 때 담임선생님으로부터 특별지도를 받아서 거기서 구제는 되었어요. 이미. 그러나 3학년 수준의 구제는 되었지만, 다시 5학년에 와서는 5학년 수준의 문제를 만나니 다시 어려움이 있죠. … 정부에서도 수학특별보충반 같은 지도를 위해 재정적인 지원을 많이 하는 걸로 아는데, 그래도 해마다 부진아는 또 나오고 있습니다. 완전히 구제가 되는 것이 아니지요. 그런 지도를 통해 어느 정도 수준을 올려놓아도, 그 다음 단계가 되면 다시 부진이 나타나니까요. 그런 점은 완전히 해결하기가 힘든 점이 많아 보입니다. (이연숙 교사, 부산 한결초등학교 교사)

요컨대, 부진학생을 지도해본 경험이 있는 교사들의 이상의 말을 종합하면, 우리나라의 정규 학교에서 부진학생을 구제하는 것은 거의 불가능에 가깝다. 간혹 부진으로부터 구제되는 경우가 있기는 하지만, 그것은 가뭄에 콩 나듯이 어쩌다 우연히 나타나는 일이다.

만일, 교사들의 이 말이 사실이고, 학교에서 부진아를 구제하는 일이 불가능하다면, 우리는 부질없는 부진아 구제 노력을 그만두어야 할지도 모른다. 구제가 불가능한 부진아를 구제하기 위해서 들이는 예산과 노력을 우수아를 위해서 들이는 것이 더 경제적일지도 모른다.

그렇지만, 그것은 두 가지 점에서 현명하지 못한 처사다. 하나는 부진아 구제 노력을 그만둔다는 것은 부진학생 개인의 인생을 방치하는 것이라는 점에서 그렇다. 다른 하나는 부진아 구제 노력을 그만두는 것은, 그들이 우리 사회의 건강한 구성원으로 자라날 수 없게 함으로써 우리 사회 전체를 병들게 하는 것이라는 점에서 그렇다. 따라서 우리가 현재 해야 할 일은 학습부진 학생이 되풀이해서 발생할 수밖에 없는 학교의 현실을 되돌아보고, 학습부진이 되풀이되지 않도록 하는 방법뿐만 아니라 학교에서 부진아가 발생하지 않도록 할 수 있는 방안을 근본적으로 새롭게 모색하는 것이다.

이하에서는 먼저, 학습부진의 의미와 학습부진 학생의 유형을 학생의 관점에서 새롭게 파악한다. 우리는 지금까지 학교의 관점 또는 교사의 관점에서 학습부진 학생을 파악해왔다. 그에 따라서 학습부진 학생에 대한 대처 역시 학교와 교사 중심으로 이루어져왔다. 그와 달리, 학습부진 현상을 파악하는 관점을 다르게 하면 우리가 지금까지 간과했던 사실들을 발견하고, 그것을 토대로 새로운 개선 방안을 모색해갈 수 있을 것이다. 이어서 현재 우리나라 학교에서는 학습부진 학생을 어떻게 인식하고 대처하고 있으며, 거기에는 어떤 문제가 있는지, 그 문제가 발생할 수밖에 없는 학교 체제의 문제가 무엇인지 확인한다. 그리고 그것을 바탕으로 우리나라 학교가 개선되어 나가야할 방향을 모색한다.

2. 연구 방법과 절차

본 발표자는 이상의 사항들을 확인하고 논의하는 데 있어서 질적 연구방법을 적용했다. 본 발표자를 비롯하여 연구진은 2009년 4월부터 5월까지 우리나라 각지의 초등학교와 중학교에 재학하는 학습부진 학생 24명, 그리고 그들을 지도하는 담임교사 또는 학습부진 담당교사 25명과 각각 1시간 내외로 면담하여 자료를 수집하였다. 면담 결과는 별도의 자료집으로 제작하였다. 이 장의 내용은 자료집의 내용을 토대로 한 것이다. 지역별, 학교별 면담 참여자들은 〈표 5-1〉과 같다.

〈표 5-1〉 면담 참여자 명단

연번	이름	성별	학년/나이 과목/경력/나이	부진 사항	학교
1	손서연 학생	여	4/11세	수학 부진	서울 이후초등학교
2	오화순 교사	여	5/29세		
3	권길우 학생	남	6/13세	전교과 부진	
4	황연미 교사	여	11/50세		
5	임미연 학생	여	4/11세	수학 부진	서울 임하초등학교
6	조지연 교사	여	1/43세		
7	정병욱 학생	남	6/13세	수학 부진	
8	안상천 교사	남	3/31세		
9	김명천 학생	남	3/16세	수학 부진	서울 원두중학교
10	김강미 교사	여	영어/27/51세		
11	이산청 학생	남	2/15세	수학 부진	
12	백예지 교사	여	수학/5/30세		
13	김수경 학생	여	2/15세	국어 부진	서울 석청여자중 학교
14	최결우 교사	남	국어/35/62세		
15	이수미 학생	여	2/15세	수학 부진	
16	박나미 교사	여	국어20/46세		
17	이시혁 학생	남	4/11세	수학부진	인천

연번	이름	성별	학년/나이 과목/경력/나이	부진 사항	학교
18	이지숙 교사	여	30년/52세		청덕초등학교
19	진방열 학생	남	6년/13세	수학부진	
20	안화선 교사	여	10/34세		
21	지슬기 학생	여	2/15세	수학부진	경기 양현여자중 학교
22	곽형석 교사	남	국어/8/37세		
23	이안나 학생	여	2/15세	전교과 부진	
24	장연철 교사	남	수학/8/37세		
25	김순미 학생	여	6/13세	국어, 수학	대전 안윤초등학교
26	최난향 교사	여	4/29세		
27	송창연 학생	남	6/13세	국어, 수학	
28	오순지 교사	여	6/31세		
29	정주역 학생	남	3/16세	수학	대전 신당중학교
30	권윤재 학생	여	국어/3/29세		
31	채수혁 학생	남	2/15세	수학, 영어	
32	김시연 교사	여	수학/26/49세		
33	강호진 교사	남	국어/6/32세		
34	김수국 학생	남	6/13세	국어, 수학	광주 안전초등학 교
35	박윤식 교사	남	10/35세		
36	이지민 학생	여	4/11세	국어, 수학	
37	고성미 교사	여	13/37세		
38	김시현 학생	남	3/16세	국어, 수학	전남 수황중학교
39	김정이 교사	여	수학/20/43세		
40	장시후 학생	남	2/15세	국어	
41	박인환 교사	남	국어/21/49세		
42	이민욱 학생	남	3/10세	전교과 부진	부산 한결초등학교
43	임윤미 교사	여	26/48세		
44	김연지 학생	여	5/12세	전교과(특히 수학)	
45	이연숙 교사	여	27/49세		
46	김준하 학생	남	2/15세	전교과 부진	부산 동만중학교
47	이승숙 교사	여	과학/22/46세		
48	이자연 학생	여	2/15세	전교과 부진	
49	오수미 교사	여	한문/19/44세		

면담은 다음과 같이 진행되었다. 학습부진 학생과는 그가 어떤 가정환경에서 자라왔는지, 현재 일상적으로 어떻게 살아가는지, 학교에서 어떻게 생활하고 수업에 참여하는지, 학습에 관하여 어떤 생각을 가지고 있는지 등을 중심으로 면담하였다. 교사와는, 교사가 바라볼 때, 학습부진 학생은 학교에서 어떻게 생활하는지, 학습부진의 원인이 무엇이라고 생각하는지, 학습부진 학생을 어떻게 지도하는지, 학습부진 학생을 지도하는 데 어려움은 무엇인지, 학습부진 학생을 적절히 지도하기 위해서는 어떤 방안이 필요한지 등에 관하여 면담하였다.

이 면담에는 본 발표자가 직접 모두 참여하지는 않았다. 본 발표자는 학생 및 교사와 면담하기 위한 질문을 구조화하고, 현재 해당 지역 대학의 교육학과 대학원에 재학하는 학생들에게 질문과 면담하는 방법 및 유의사항을 사전에 자세히 안내한 후에 그들로 하여금 학생과 교사를 면담하도록 했다. 그리고 면담의 내용은 대화 내용 그대로 전사하도록 했다. 이런 이유에서 본 면담의 자료들은 면담자에 따라서 면담 내용의 깊이나 질, 그리고 방향에 있어서 차이가 있다. 경우에 따라서는 면담자의 선입견에 의해서 참여자의 말을 판단하거나 유도하는 사례도 있다. 면담자의 면담 수준이 서로 다르기 때문에 발생하는 문제다. 본 발표자는 이러한 점을 고려하여 면담 자료를 검토하였다.

본 발표자는 이렇게 모아진 자료를 숙독하고, 학습부진 학생의 학습부진과 관련되어 있다고 생각되는 사항들을 분석하여 정리했다. 이와 함께 학습부진 학생이 가정과 학교 등에서 일상적으로 살아가는 모습과 학교에서 학습부진 학생이 되어가는 과정을 분석하여 정리했다. 그 과정에서 학생의 학습부진은 학교의 체제와 교사가 학습부진 학생을 바라보는 관점과 관련이 있음을 발견하고, 양자가 학생의 학습부진과 어떻게 관련이 있는지를 분석하였다. 그리고 그 분석 결과 학습부진 학생에 대한 기존의 진단과 접근은 주로 학교와 교사의 관점을 기준으로 이루어져왔음을 발견하고, 학습부진의 문제를 '학생의 관점'에서 다시 바라볼 필요가 있음을 알게 되었다. 그리고 그러한 필요에 따라서 학습부진의 문제를 학생의 관점에서 다시 바라보고, 그 관점에 비추어서 학습부진의 의미와 해결 방안을 다시 모색하게 되었다.

그런데, 앞서 지적한 바와 같이 이 연구는, 연구자가 학생을 직접 관찰하거나 학생의 수업이나 일상의 생활 장면에 직접 참여하여 수집한 자료에 근거하지 않고, 제한적이고 불완전한 면담 자료에만 의존하여 이루어짐으로써 연구 결과에 있어서도 제한이 있을 수 있다. 따라서 이 연구의 결과는 학습부진 학생의 현실을 있는 그대로 반영한다기보다, 학습부진 학생의 현실에 관한 개략적인 윤곽을 스케치하여 보여주는 데 그친다고 보아야 한다. 이 연구에서 제시하는 여러 현상과 과제들은 이후의 연구를 통하여 좀 더 구체적이고 체계적으로 확인하고 정리할 필요가 있다. 그렇게 했을 때 우리나라 학습부진 학생의 문제를 실질적이고 근본적으로 해결할 수 있을 것이다.

3. 학습부진의 유형과 의미

의사가 환자를 치료하기 위해서는 먼저 환자의 상태와 질병에 관하여 알아야 하는 것과 마찬가지로, 학습부진 학생의 문제를 적절히 해결하기 위해서는 학습부진 학생 또는 학습부진 현상에 관하여 충실하게 파악하고 있어야 한다. 만일 이것을 적절히 파악하지 못한다면, 의사가 환자의 상태나 질병에 관하여 잘못 파악함으로써 그릇된 처방을 하고 결국엔 환자의 생명을 위태롭게 하는 것과 마찬지로, 학습부진 학생을 적절히 지도하지 못하고 오히려 학습부진을 악화시킬 우려마저 있다. 그런 점에서 학습부진 학생의 지도를 책임지고 있는 교사나 학교는 학습부진 학생 또는 학습부진 현상에 관하여 폭넓고 충실하게 파악하고 있어야 한다.

학습부진 학생 또는 학습부진 현상을 폭넓고 충실하게 이해하려면, "학습부진 학생"을 '학습부진 학생'으로만 보지 않을 필요가 있다. "학습부진 학생"은 '학습부진 학생'이기만 한 것은 아니다. "학습부진 학생"은 학습을 기준으로, 그 가운데 학교의 학습을 기준으로 학생을 규정하는 용어다. 그러나 학교의 학습이 "학습부진 학생"을 바라보는 유일하거나 절대적인 기준은 아니다. "학습부진 학생"은 학습부진 학생 이전에 학생이고, 학생 이전에 아이이고, 아이 이전에 사람이다. 그는 한 가정의 자녀이고, 친구들과 어울려 뛰놀기를 좋아하는 아이이고, 무엇보다도 열려있는 미래의 가능성을 향해서 살아가는 한 사람이다. 그럼에도 불구하고, 우리는 "학습부진 학생"을 대할 때 '학교 학습이 부진한 학생'으로서만 규정하고 바라본다. 그렇게 함으로써 우리는 그의 학교 학습 외의 다른 면들을 놓치고, 그의 학습 부진을 해결하기 위한 노력도 '그의 학교 학습'에만 한정해서 경주하게 된다. 그 결과 노력한 만큼의 실효도 거두기 어렵게 되기도 한다.

따라서 우리가 학생들의 학습 부진을 적절히 해결하고자 한다면, 학습부진 학생들의 학습 부진 현상이나 원인 등을 학교의 학습에만 한정짓지 않고 바라보는 것이 필요하다. 즉, 그들의 삶 전체 속에서 학습부진 현상을 바라보고, 그것을 토대로 학습부진의 문제를 해결하는 적절한 방안을 체계적으로 모색하는 것이 필요하다.

1) 아이로서 살아가기

학습부진 학생도 여느 학생과 마찬가지로 아이들이다. 아이들은 신체적으로나 심리적으로나 미성숙한 존재다. 미성숙하다는 것은 앞으로 성숙해져야 한다는 것을 뜻하기도 한다. 따라서 아이들의 삶에 있어서 가장 기본적이고 중요한 과제는 성숙해지는 것이다. 그래야 우리 사회의 구성원으로서 독립된 삶을 살아갈 수 있기 때문이다.

아이들이 성숙해진다는 것은 여러 가지 의미가 있지만, 그 가운데 가장 기본적인 것은 우리 사회에서 공통적이고 기본적으로 요구하는 지식과 기능과 태도를 학습하는 것이다. 우리나라에서는 그것을 국민공통기본교육과정으로 규정하고, 초등학교 1학년부터 고등학교 1학년까지의 과정을 통하여 모든 아이들에게 가르치고 있다. 따라서 우리나라에서 아이들이 성숙해지기 위해서는 일차적으로 국가에서 국민공통기본교육과정으로 규정한 내용들을 충실하게 학습해야 한다. 그것이 아이들이 우리나라 사회에서 살아가면서 수행해야 하는 일차적인 과업이다.

그런데, 아이들은 학습만 하면서 살아가지 않는다. 어느 사회에서나 아이들은 노는 것을 좋아한다. 아이들은 틈만 나면 놀고 싶어 한다. 전쟁의 폐허에서도 부서진 전차와 장갑차 위에서 노는 것이 아이들이다. 아이가 놀지 못한다면 그 아이는 아이가 아니라고 말할 수 있을 정도다. 그 점에서 놀이는 자연이 아이에게 부과한 과업이다. 그 점은 학습부진 학생도 아이이기 때문에 마찬가지다. 본 연구의 면담에 참여한 한 학습부진 학생은 놀이에 관한 자신의 생각을 다음과 같이 말했다.

> 면담자 : 산청아 학교에서 어떻게 해주면 너 공부하는 데 도움이 될 거 같아?
> 이산청 : 놀면서 공부하는 거.
> 면담자 : 놀면서 공부? 어떻게?
> 이산청 : 공부하는 시간 30분. 쉬는 시간 1시간.
> 면담자 : 지금은 어떤데?
> 이산청 : 지금요? 쉬는 시간이 너무 짧아요.
> 면담자 : 공부하기 싫고 놀고 싶어?
> 이산청 : 네.
>
> (서울 원두중학교 2학년)

이처럼 아이들은 놀고 싶어 한다. 누구에게나 놀이는 어렵지도 않고 심리적인 부담이 없으며, 재미있다. 그에 비해서 대체로 학습은 어렵고, 부담스러우며, 재미가 없다. 특히 학습부진 학생들은 학습에 자신도 없고 흥미도 없기 때문에 손쉽고 재미있는 놀이에 더욱 빠져든다. 그리고 자기 주변의 환경에서 놀 거리를 찾거나 만들어서 논다. 오늘날 한국의 아이들에게 가장 대표적인 놀이는 컴퓨터 게임이다. 현대의 한국 아이들이라면 적어도 한 가지 이상의 컴퓨터 게임을 할 줄 알고 즐긴다. 예를 들면 다음과 같다.

면담자: 학교 끝나고 학원 끝나고 뭐해?
김순미 : 놀아
면담자 : 뭐 하고 놀아?
김순미 : 게임하고 놀아. 크아, 넥슨, 넷마블.
면담자 : 하루에 얼마나 하는데?
김순미 : 1시간 30분.

(대전 안윤초등학교 6학년)

또한 아이들은 친구와 어울리는 것을 좋아한다. 그것은 인간이 사회적인 동물인 이상 필연적이다. 아이들은 자신과 유사한 친구를 통해서 동질감과 유대감을 형성한다. 어려울 때 친구를 통해서 위로받기도 하고 격려 받기도 한다. 무엇보다도 아이들은 놀기 위해서 친구들과 어울리기도 하고, 친구와 어울리면서 놀기도 한다. 따라서 아이들에게 친구와 함께 있을 수 있는 시간과 공간은 재미있는 곳이 된다. 예를 들면 다음과 같은 경우다.

면담자 : 요즘 학교 다니는 건 재미있니?
김준하 : 네. 친구하고 노니까요.
면담자 : 점심시간은 즐겁니?
김준하 : 네. 즐거워요. 밥 먹고 노니까요.
면담자 : 점심시간에도 야구하니?
김준하 : 아니요, 술래잡기요.
면담자 : 술래잡기가 재미있니?
김준하 : 네.

(부산 동만중학교 2학년)

이처럼 아이들은 어릴 적부터 친구들과 어울리면서 사회성을 형성해간다. 만일 한 아이가 친구들과 어울릴 줄 모른다면, 그가 아무리 뛰어난 능력을 소유하고 있어도 장차 그가 속하게 될 사회에서 다른 사람과 조화롭게 살아가기 어렵게 된다. 따라서 또래와 어울리면서 사회성을 형성해 가는 일 또한 아이가 수행해야 하는 또 하나의 과업이다.

그리고 아이들은 위의 인용문에서 알 수 있는 바와 같이 이러한 과업을 수행하는 데 있어서 항상 재미를 추구한다. 어느 면에서 보면 아이들은 재미를 추구하기 위해서 놀고, 친구와 어울리고, 학습한다고 말할 수 있을 정도다.

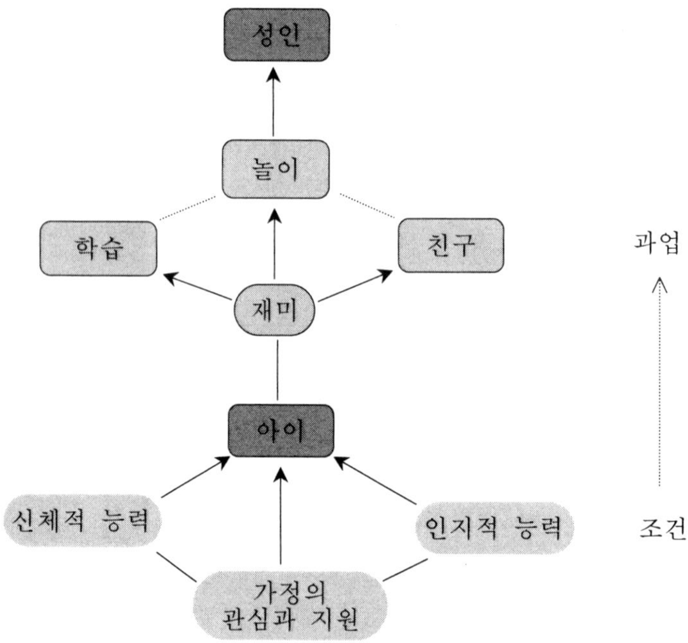

[그림 1] 아이들의 삶의 조건과 과업

그런데, 아이들이 이러한 세 가지 과업을 성공적으로 수행하기 위해서는 몇 가지 요건을 갖추어야 한다. 첫째는 건강한 신체이다. 신체가 건강하지 못하면 위의 세 가지 가운데 어느 것도 충실하게 해낼 수 없다. 둘째는 인지적인 능력이다. 아이들이 학습하기 위해서는 적어도 생리적으로 두뇌의 기능에 장애가 없어야 한다. 특히 현재 우리나라 사회에서 요구하는 국민공통교육과정을 학습하기 위해서는 적어도 보통 수준의 인지적인 능력을 갖추고 있어야 한다. 또한 요즘의 아이들이 많이 즐기는 컴퓨터 게임과 같은 놀이를 즐기기 위해서도 역시 마찬가지 수준의 인지적인 능력이 요구된다. 셋째는 아이 주변, 특히 가정의 안정적인 관심과 지원이다. 아이는 경제적으로나 심리적으로 독립된 존재가 아니기 때문에 먹는 것, 입는 것, 자는 것, 생활을 관리하는 것 등을 모두 주변의 성인에게 의존할 수밖에 없다. 만일 이것이 부족하거나 불안정하면 아이들은 자신의 과업을 어느 것도 성공적으로 수행하기가 어려워진다.

이상에서 살펴본 아이들의 삶을 그림으로 나타나면 [그림 1]과 같다. 미성숙한 존재로서의 아이들은 한편으로는 그가 장차 성인으로서 살아가야 할 사회에서 기본적으로 요구하는 지식, 기술, 태도 등을 학습해야 하고, 다른 한편으로는 놀이를 즐기고 또래들과 어울리면서 살아간다. 그리고 그 과정에서 아이는 항상 재미를 추구한다. 그것은 어느 시대 어느 사회에서나 아이들에게 공통적으로 요구되는 과업이다. 또는 아이들이 살아가는 모습이다. 그런데 아이들이 그러한 과업을 충실하게 수행하고 성숙한 성인으로 자라가기 위해서는 신체적인 능력과 인지적인 능력을 갖추어야 하고, 안전하게 살아갈 수 있도록 주변, 특히 가정에서 심리적으로나 물질적으로 관심을 가지고 지원해야 한다. 만일 이 가운데 어느 한 가지라도 충족되지 못하면 아이는 그 과업을 수행해 내기 어렵다. 그것은 아이가 우리 사회의 건강한 성인으로서 성장해가지 못한다는 것을 뜻한다.

이러한 점에 비추어 보면 아이들의 삶 속에서 학습은 중요하지만, 전부가 아니라 일부이며, 학습부진의 문제도 바로 아이들의 이러한 삶 속에서 바라보고 해결책을 모색할 필요가 있음을 알 수 있다.

2) 서로 다른 삶의 지향

모든 아이들은 학습하고 놀이하고 친구와 어울리는 과업을 안고 살아간다. 그렇지만 모든 아이가 이 세 가지 과업을 동일한 비중으로 지향하면서 살아가는 것은 아니다. 아이에 따라서 학습을 중심으로 살아가기도 하고, 놀이를 중심으로 살아가기도 하고, 또래를 중심으로 살아가기도 한다. 그리고 동일한 과업을 지향하는 삶을 살아간다고 해도 성취의 정도 역시 아이마다 다르다. 이러한 차이는 아이들이 각자 처해있는 삶의 조건과 관련이 있다.

아이들은 이러한 과업을 수행하는 데 요구되는 조건인 신체적 능력과 인지적 능력과 가정의 관심과 지원을 모두가 동일하게 갖추고 있지는 않다. 모든 아이의 과업은 동일하지만, 모든 아이의 조건은 동일하지 않은 것이다. 어떤 아이는 이 세 가지 조건을 모두 충분하게 갖추고 있지만, 또 다른 어떤 아이는 이 가운데 한두 가지 조건을 부족한 상태로 갖추고 있기도 하다. 이런 조건을 불충분하게 갖추고 있는 아이는 그렇지 않은 아이에 비해서 학습 이외의 것을 중심으로 살아가거나, 학습을 지향하는 삶을 살아간다고 해도 성취의 정도는 모든 조건을 고루 갖춘 아이에 비해서 뒤떨어질 수 밖에 없다.

예를 들면, 만일 현재의 한국 사회에서 한 아이가 신체적으로나 인지적으로 장애가 없고, 가정의 관심과 지원이 안정적이고 지속적이라면, 그 아이는 학습을 중심으로 과업을 수행하는 삶을 살아가게 될 것이다. 그것이 그가 속한 가정의 부모와 우리 사회가 전반적으로 요구하는 것이기 때문이다. 그렇지만, 동일한 조건 하에서 가정의 관심과 지원이 부족하거나 불안정하면, 아이는 학습보다는 또래나 놀이를 중심으로 과업을 수행하는 삶을 살아가게 될 것이다. 현재 우리나라 학교에서 아이는 가정의 관심과 지원이 없이 혼자서 학습을 충실하게 하기 어려울 뿐만 아니라, 학습보다는 놀이와 또래가 아이의 관심을 더 쉽게 이끌기 때문이다.

요컨대, 아이들은 자신이 처한 삶의 조건 속에서 학습과 놀이와 또래 가운데 어느 한 방향으로 자신의 삶의 지향을 형성해가는 것이다. 한편, 아이에게 신체적으로 또는 인지적으로 장애가 있다면 그가 과업을 수행하는 정도는 그것이 지향하는 방향과 관계없이 그렇지 않은 아이에 비해서 낮을 수밖에 없을 것이다. 그것은 마치 물이 낮은 곳으로, 낮은 만큼만 흘러가는 것과 마찬가지다.

그런데, 우리 학교에는 그러한 조건을 불충분하게 갖춘 학생들이 많이 존재하고, 최근에 이를수록 특히 가정의 해체와 다문화가정의 증가로 인해서 그 수는 점점 더 많아진다. 이런 이유에서 우리나라의 학교에서는 신체적 능력이나 인지적 능력을 충분히 갖추지 못한 학생을 장애학생으로 규정하고, 그런 학생들을 위하여 특수학교나 특수학급 등을 설치하여 운영한다.

그러나 그와 같은 특수교육의 대상자가 되는 학생들은 신체적으로나 인지적으로 장애가 가시적으로 드러나거나 분명한 학생에 한정된다. 가정의 관심과 지원이 부족한 학생은 그와 같은 특수교육의 대상이 되지 못한다. 또한 교과를 학습하는 데 요구되는 인지능력이 부족하지만 일상적인 생활을 해나가는 데는 무리가 없는 정도의 인지능력을 소유한 학생들 역시 별도의 고려의 대상이 되지 못한다. 결국 아이들 가운데 삶의 과업을 수행하는 데 요구되는 조건을 부분적으로 갖추지 못하고 있음에도 불구하고 특수교육과 같은 별도의 교육의 대상이 되지 못하는 아이들은 자신에게 주어진 조건의 범위 내에서 자신의 과업을 스스로 수행하지 않을 수 없다. 그 결과 그들은 놀이나 또래를 중심으로 살아가거나, 학습을 중심으로 살아간다고 해도 성적이 낮을 수밖에 없다.

3) 학습부진 학생의 유형

이처럼 아이들이 자신의 조건에 따라서 삶의 지향을 달리 한다면, 아이들이 자신의 과업을 수행하는 데 있어서 무엇을 중심에 두고 지향하는가에 따라서 아이들의 삶의 유형을 구분할 수 있을 것이다. 즉 어떤 아이는 자신에게 주어진 조건 속에서 학교의 학습을 중심으로 살아가고, 어떤 아이는 놀이를 중심으로 살아가고, 어떤 아이는 또래와의 관계를 중심으로 살아간다.

그 점은 학습부진 학생들에게서도 동일하게 나타난다. 본 연구에 참여한 학습부진 학생들 가운데 일부는 교과 학습에 관심을 두고 있지만 학습이 부진하고, 일부는 놀이에 빠져 있느라고 학업을 소홀히 해서 학습이 부진하고, 일부는 또래와 어울리느라고 학업을 소홀히 해서 학습이 부진하다. 일부 학생은 그동안 학교에서 실패와 좌절이 반복됨으로써 학습뿐만 아니라 놀이와 또래 어느 것도 적극적으로 자신의 삶의 지향으로서 삼지 않고 있기도 하다. 이 밖에도 일부 학생은 인지적으로 또는 심리적으로 장애가 있음으로써 학습뿐만 아니라 다른 삶의 영역에 있어서도 모두 부진하기도 하다. 그 점을 정리하면 〈표 5-2〉와 같다.[5)]

〈표 5-2〉 면담 참여자들의 기초학력 부진 유형 구분

(× 부족함, ○ 갖춰짐)

부진 유형	이름	성별	학년 (나이)	결핍 요인							과잉 요인		
				교과학습	언어이해	생활이해	생활습관	가정손길	학습의욕	인지기능	심리특성	놀이세계	또래집단
학습형	이지민	여	초4(11)	국어 수학	×	○	○	○	○	○			
	김수국	남	초6(13)	국어 수학	×	○	○	○	○	○			
	장시후	남	중2(15)	국어	×	○	×	○	○	○			
	김시현	남	중3(16)	국어 수학	×	○	○	×	○	○			
	이민욱	남	초3(10)	전교과	×	○	×	×	○	○			
놀이형	김연지	여	초5(12)	전교과 (수학)	○	○	○	○	○	○	느림	춤	
	송창연	남	초6(13)	국어 수학	×	○	○	○	○	○		축구	
	정병욱	남	초6(13)	수학	×	○	○	○	○	○		공룡	

5) 이 표에 제시된 내용은 해당 학생과 담임교사와의 제한된 면담 결과에 의존해서 작성된 것이므로 학생의 실태를 정확히 반영하고 있다고 말할 수는 없다. 그렇지만 여러 학생들의 사례를 통해서 학습부진 학생들의 전반적인 윤곽이나 특징을 찾아볼 수는 있다. 학습부진 학생의 실태를 정확히 파악하기 위해서는 각각의 학생들을 대상으로 별도의 장기간의 참여관찰과 실험조사와 같은 체계적인 연구가 필요하다. 이것은 추후 연구가 필요한 사항이다.

	채수혁	남	중2(15)	수학 영어	×	○	○	○	○	○		컴퓨터	
	정주역	남	중3(16)	수학	×	○	○	○	○	○		동호회	
	지슬기	여	중2(15)	수학	×	○	×	○	○	○		컴퓨터	
	이산청	남	중1(15)	수학	×	○	○	○	×	○		컴퓨터	
	김수경	여	중2(15)	국어	×	○	×	×	×	○		인터넷	
또래형	이수미	여	중2(15)	수학	○	○	×	×	○	○		인터넷	똘마니
	이자연	여	중2(15)	전교과	×	○	×	×	×	○			똘마니
심리 장애형	진방열	남	초6(13)	수학	○	○	○	○	○	○	창피	컴퓨터	
	임미연	여	초4(11)	수학	○	○	○	×	○	○	두려움		
	손서연	여	초4(11)	수학	×	○	○	○	○	○	창피		
	권길우	남	초6(13)	전교과	×	○	×	×	×	○	친구 비난	컴퓨터	
인지 장애형	김명천	남	중3(16)	수학	×	○	○	×	×	×		컴퓨터	
	이안나	여	중2(15)	전교과	×	×	○	○	○	×			
	이시혁	남	초4(11)	수학	×	×	×	○	○	×			
	김순미	여	초6(13)	국어 수학	×	×	×	×	○	×		컴퓨터	
무지향형 (사회형)	김준하	남	중2(15)	전교과	×	○	×	×	×	○			

〈표 5-2〉에서 이지민은 본인의 인지적인 능력뿐만 아니라 가정의 관심과 지원, 생활습관 등에서 있어서 크게 부족하지 않다. 또한 놀이나 또래집단에 심각하게 빠져있는 상태도 아니다. 거기에다 학습하고자 하는 의욕을 가지고 있으며, 학교뿐만 아니라 학원 등에도 규칙적으로 열심히 다니고, 숙제도 스스로 챙겨서 한다. 또한 수업 시간에도 딴짓을 하거나 한눈 팔지 않고 열심히 참여한다. 그는 이렇게 말한다.

> 면담자 : 오늘 집에 가면 뭐 할꺼야?
> 이지민 : 태권도 갈 시간 맞춰서 태권도 가구요. 동생 밥 주고, 전 영어녹음하고.
>
> · · ·

면담자 : 대통령님한테 하고 싶은 말 있어?
이지민 : 아니요. … 저는 제 스스로 한번 공부를 하고 싶어서요. 대통령님한테는 절대 안 말하고 싶어요.
(광주 안전초등학교 4학년)

위의 말에서 이지민은 자기 스스로 공부를 하기 위해서 대통령과 같은 다른 사람에게 도움을 청하지 않겠다고 말할 정도로 학습에 대한 의욕이 강하다. 단지 언어 이해 능력이 부족할 뿐이다. 이와 같이 학습은 부진하지만 인지능력과 일상적인 이해능력이 갖추어져 있고 학습하고자 하는 의욕을 가지고 있는 학생들은 그의 삶이 학습을 지향하고 있다고 볼 수 있다. 따라서 이와 같은 유형의 부진을 '학습형 학습부진'이라고 말할 수 있다.

〈표 5-2〉에서 김연지는 학습에 필요한 조건을 모두 갖추고 있다고 볼 수 있다. 다만 다른 학생에 비해서 학습의 속도가 느린 편이다. 그리고 장차 무용수가 되기 위해서 춤 학원에 열심히 다니고 있다. 즉 김연지는 학교의 학습이 아닌 다른 활동을 중심으로 살아간다. 그 점은 송창연, 정병욱, 정주역 등도 마찬가지다. 특히 요즘 학생들은 컴퓨터 게임 등에 중독되어서 학습을 소홀히 하는 경우가 많다. 예를 들면 다음과 같은 경우다.

우리들은 막 놀고 싶으니까. … 공부 안 해요. 우리가 전에 컴퓨터 중독인지 아닌지 했어요. 그때 낮으면 정상이구요. 제가 27점? 어떤 애가 96점이나 나왔어요. 98점도 있었고 96점도 있었어요. 50이상 넘어가면 비정상이거든요? 그래도 한 50 넘어도 51은 좀 약간씩 괜찮은데 80이 넘어가거나 그런 애들은 안 돼요. 근데 걔네들이 정말 많이 왔어요. 병원에 가서도 검사받고, 잠을 자려고

> 하면은 그 게임이 딱 펼쳐진대요. (김수국, 광주 안전초등학교 6학년)

위에서 김수국이 말할 것처럼, 컴퓨터 게임 등에 빠져있는 학생들은 눈만 감으면 게임 장면이 떠오르듯이 몸은 현실 속에 놓여있지만, 의식은 컴퓨터 게임의 세계 속에 머물러 있게 된다. 그리고 더 나아가서는 학습에서 아무런 재미를 느끼지 못함으로써 학습에 전혀 의욕을 보이지 않기도 한다. 위의 표에서 이산청이나 김수경이 그 예다. 이처럼 아이의 삶이 놀이를 지향함으로써 학습이 부진한 경우를 '놀이형 학습부진'이라고 말할 수 있다.

이수미와 이자연은 친구들과 어울리느라고 학교생활을 소홀히 한다. 이자연은 공부하기 위해서 학교에 다니기 보다는 친구와 어울리기 위해서 학교에 다닌다. 그는 쉬는 시간마다 다른 반 친구를 만나고, 그에게 공부 시간은 쉬는 시간을 기다리는 시간이다. 즉 그에게는 쉬는 시간이 일하는 시간이고, 공부 시간이 쉬는 시간이다. 예를 들면 다음과 같다.

> 면담자 : 요즘 학교 다니는 건 재미있니?
> 이자연 : 네. 애들 때문에요.
> 면담자 : 학교 오면 주로 뭐하니?
> 이자연 : 그냥 놀아요. 애들 반에 찾아가서 얘기하고.
> 면담자 : 애들이랑 많이 친하니?
> 이자연 : 반에는 거의 다 안 친하고 1명 있고, (친한 애들은) 다른 반에 다 있어요. 쉬는 시간마다 만나요.
> 면담자 : 그 애들이랑 방과 후에도 만나니?
> 이자연 : 애들끼리 같이 돌아다녀요. 친구들 있는 대로. 그냥 걸어 다녀요. 힘들면 그냥 놀이터 가서 앉고.

(부산 동만중학교, 2학년)

특히 이수현은 일상적인 이해 능력뿐만 아니라 언어 이해 능력도 갖추고 있음에도 밤 늦게까지 친구들과 어울려 지내느라고, 또는 밤 늦게까지 친구들과 어울려지내기 위해서 학교에서는 잠을 자고 쉰다. 특히 이들은 이른바 "날나리"라고 불리는 아이들 집단에서 "똘마니"로서의 역할을 담당하고 있다. 이처럼 또래집단의 일원으로서 생활하느라고 학습이 부진한 경우를 '또래형 학습부진'이라고 말할 수 있다.

한편 학습부진 학생들 중에는 모르는 것을 창피하게 여기거나, 자신이 모른다는 것이 교사나 다른 친구들에게 알려질 경우에 자신에게 다가올 결과를 두려워하여 적극적으로 학습에 임하지 못하는 경우도 있다. 위의 표에서 임미연은 부모가 맞벌이를 하여, 7살부터 혼자서 밥을 챙겨먹을 만큼 모든 일을 스스로 해왔다. 학교 수업을 마치면 시간에 맞추어서 학원에 가고, 집에 돌아와서는 혼자서 밥을 챙겨먹고 숙제를 하고 일정한 시간에 잠자리에 든다. 그렇지만 학습에 있어서는 자신이 모른다는 것을 크게 부끄럽게 생각하여 자기 표현을 소극적으로 하고, 긴장한다. 예를 들면 다음과 같다.

> 지난 번에 수학 삼각형을 하는데 … 질문을 던졌는데 대답을 못 하는 거예요. 저도 순간 당황했죠. 왜냐하면 저는 미연이 한번 시켜줘서, '미연이 요즘 너무 좋아졌어.' 한번 해주려고 했는데. 이게 생각지도 못한, 애가 딱 어는 거예요. 그래서 오히려 얘가 상처 받겠다. 그래서 저도 순간 당황한거죠. '미연아 이렇게 생각해 봐.' 해도 얘는 얼어버린 거예요. 더 이상 진전을 못 하는 거예요. 얼어서 표정이 굳어있는 거예요. 얘는 지금 순간 당황해서 백지상태죠. 애들은 쳐다보고 있고. '이건 이런 거야.' 하고 넘겼는데 그

때부터 눈물을 뚝뚝뚝뚝 흘리는 거죠. (조지연 교사, 서울 임하초등학교)

이처럼 과거의 학습 경험이나 그 밖의 다른 심리적인 장애로 인하여 인지능력에는 아무런 문제가 없음에도 학습이 부진한 경우가 있다. 그런 경우를 '심리 장애형 학습부진'이라고 부를 수 있다.

또한 우리가 익숙하게 알고 있는 바와 같이 학습부진 학생 중에는 생리적으로 두뇌의 인지 기능에 장애가 있거나 원활하지 못해서 학습부진인 경우가 있다. 그들은 대체로 지능검사 결과가 낮고, 일상적인 생활도 조직적으로 해나가지 못하는 경우가 대부분이다. 위의 표에서 김명천, 이안나, 이시혁, 김순미 등이 여기에 해당한다. 특히 김순미는 일상적인 대화가 어려울 정도로 상황에 대한 인식이 원활하게 이루어지지 않는다. 다음은 그와 관련된 사례다.

면담자 : 학교가 주위에 나무도 많고 좋지?
김순미 : 나는 커서 뭐가 될지 모르겠어요. 피아노 선생님 되고 싶어요. 피아노 선생님이 저 어른이 되면 뭐하면 좋을지 물어봤는데요, 선생님이 저 피아노 선생님 하라고 했어요. 저는 믿었어요.

. . .

면담자 : 오빠랑 친해?
김순미 : 오빠 고등학교 때 졸업했는데. 제가 주산 특기적성 갔는데, 갑자기 아빠랑 엄마랑 오빠가 나만 빼놓고 오빠 졸업식에 갔다 왔어요. 쓸쓸했어요. 나도 가고 싶었는데.
면담자 : 순미는 순미 방 있어?
김순미 : 오빠랑 같이 써. 책상은 내 꺼에요. 옷장에 오빠 옷이 많아.
(대전 안윤초등학교, 6학년)

위에서 김순미는 면담자가 묻는 말과 관계없이 자신이 하고 싶은 말을 하거나, 면담자가 말한 것 중에서 자신이 의미있다고 생각되는 단어를 연상해서 다른 말을 해 나간다. 즉 대화의 상황에 맞지 않게 이야기 하는 것이다. 이것은 일차적으로는 김순미가 상황을 적절하게 인식하지 못하기 때문이기도 하지만, 근본적으로는 인지 기능에 장애가 있음으로써 발생하는 현상이다. 이런 조건 하에서 학습부진이 발생하는 것은 불가피한 일이다. 이런 경우를 '인지 장애형 학습부진'이라고 부를 수 있다.

끝으로 학습부진 학생들 가운데는 학습뿐만 아니라 놀이나 또래 집단 어디에도 관심을 가지지 않은 채 무기력하게 생활하는 학생이 있다. 그들은 매 시간 멍한 상태로 지내며, 점심시간이나 쉬는 시간에도 활발하게 뛰어놀지 않는다. 어떤 경우에는 아예 학교에 등교하지도 않은 채 집의 방안에 누워서 지내기도 한다. 그들은 대체로 가정의 형편이 열악한 데다가, 초등학교 시절부터 지속적으로 학습부진이 누적됨으로써 더 이상 어느 곳에서도 자신의 삶의 희망을 찾을 수 없는 아이들이다. 예를 들면 다음과 같다.

면담자 : 혹시 수업시간이나 아니면 학교에 있을 때 궁금하거나 하는 게 생기면 누구한테 물어보니?
김준하 : 아무한테도 안 물어봐요.
면담자 : 문제가 생기면 어떻게 해결하니?
김준하 : 그냥 해결 안 해요. 아무것도 안 해요.

. . .

김준하 : 아니요. 그냥 하기 싫어요. 공부라서 하기 싫어요.
면담자 : 그럼 공부 말고 다른 놀이 같은 것 한다면 어때?
김준하 : 그것도 싫어요.

면담자 : 그냥 요즘이 좋아?
김준하 : 네. 그냥, 좋아요.
면담자 : 해보고 싶은 것이나 하고 싶은 것 있니?
김준하 : 없어요. 해보고 싶은 것 없어요.

(부산 동만중학교 2학년)

위의 면담에서 김준하는 공부는 물론이고 놀이조차도 하고 싶어하지 않는다. 또한 문제가 생겨도 문제를 해결하기 위해서 별다른 노력을 하지 않는다. 그래서 시험을 앞두고서도 따로 시험 준비를 하지 않고 평소와 다를 바 없이 소일하면서 지낸다. 즉, 그에게는 아예 문제 자체가 존재하지 않는 셈이다. 따라서 문제가 존재하지 않으므로 그 문제를 해결하기 위해서 노력할 이유도 없다. 결국, 그의 삶은 학습은 물론이고 놀이나 또래 어느 곳도 지향하고 있지 않은 것이다.

물론 그가 처음부터 이렇게 살아간 것은 아니다. 초등학교 시절에는 여느 아이들과 다름없이 생활했을 것이다. 그러나 중학교에 입학하고 철이 들면서, 아버지와 어머니 모두가 장애인인데다가 비좁은 임대주택에서 정부의 지원을 받아서 살아가는 자신의 처지를 자각하고, 자신의 능력으로는 어떻게 해도 그 현실을 벗어날 수 없음을 알게 됨으로써 현실과의 적극적인 관계를 차단하고 어느 곳에도 지향점을 두지 않은 채 무기력하게 살아가고 있는 것이다. 이런 경우의 학습부진은 '무지향형 학습부진'이라고 부를 수 있을 것이다. 그리고 이러한 학습부진은 사회적인 배경으로부터 비롯된다는 점에 주목하여 '사회적 학습부진'이라고 부를 수도 있을 것이다. 이와 같은 유형의 학습부진은 가정이 해체되거나 경제적으로 궁핍한 가정의 자녀들, 특히 중학교 이후의 학생들에게서 흔히 나타난다.

이상에서 살펴본 학습부진 학생의 유형을 정리하면 〈표 5-3〉과 같다.

〈표 5-3〉 학습부진 학생의 유형과 특성

학습부진 유형		학습부진 학생의 특성
학습형		학습에 관심을 가지고 노력함
놀이형		학습보다 놀이에 더 관심이 있음
또래형		학습보다 또래에 더 관심이 있음
장애형	심리적	심리적 장애로 인해서 학습에 어려움을 겪음
	인지적	인지적 기능의 장애로 학습에 어려움을 겪음
무지향형 (사회적)		관심과 지원 부족으로 부진이 누적되어 어디에도 관심을 가지지 않음

4) 학습부진의 의미

이상에서 살펴본 아이들의 삶과 관심, 그리고 학습부진 학생의 유형 등을 고려하면, 학생의 학습이 부진하다는 것은 단순히 기초학력 검사나 학업성취도 검사 결과 점수가 낮다는 것만을 의미하지 않는다. 학생의 학습이 부진하다는 것은 일차적으로는 그가 인지적으로 또는 심리적으로 장애를 가지고 있거나, 가정의 관심과 지원이 결핍되어 있을 수 있다는 것을 의미한다. 만일 그에게 그러한 장애나 결핍이 있지 않은 데도 학습이 부진하다면, 현재 그의 삶이 학습을 지향하지 않고 있다는 것을 뜻한다.

그의 삶이 학습을 지향하지 않고 있다는 것은 그의 일상생활이 학습이 아닌 것을 중심으로 조직되어 있다는 것을 뜻하게 된다. 만일 그가 친구들과 어울리는 데 관심을 두고 살아간다면, 그는 자고 일어나는 시간을 비롯하여 주변의 사물과 타인과의 관계를 포함한 모든 일상을 친구들과 놀기에 적합한 방식으로 조직한다. 자신을 비롯하여 친구들이 모두 학교에 다니고 있다면, 학교에 가지 않는 시간에 친구들을 만나서 놀고, 학교에 머무르는 시간은 친구들을 만나기 위해서 휴식하거나 준비하는 시간이 된다. 때로는 학교에 머무르는 시간이 친구를 만나는 시간이 되기도 한다. 앞에서 이자연이 그 예다. 다른 예를 들면 다음과 같다.

> 이수미 : 제가 1학년 때 진짜 놀았어요. … 새벽에도 청계천 갔어요.
> 연구자 : 왜?
> 이수미 : 놀러. 애들이 바다에 안 간다잖아요.
> 연구자 : 그렇게 신나게 놀았어?
> 이수미 : 네. 제가 한 달 정도 목포에 있었어요. 친척집에서 쉬고. 수업시간에 자고. 제가 밤을 거의 새거든요? 친구랑 네이트온 대화를 하거나. 매일 똑 같은 일상이 너무 싫은 거고. 그래서 새벽 3시 같은 때 나와서 교회 같은 데서 자고.
>
> (서울 석청여자중학교, 2학년)

위의 사례에서 이수미는 학교에 머무르는 낮 동안에는 잠을 자고, 밤에는 친구들을 만나서 새벽까지 어울려 논다. 이것은 그의 삶의 지향이 또래와 어울리는 데 있기 때문이다. 그는 친구와 어울려 놀 수 있는 시간을 확보하기 위해서 낮에 잠을 자두는 것이다. 그리고 아이의 삶의 지향이 학습 외에 다른 데 있게 되는 것은 그렇게 될 수밖에 없는 그의 삶의 조건과 관련되어 있다. 인지적 능력이 부족하거나, 인지적 능력은 장애가 없지만 기존의 학습이 부족하거나, 가정에서 안정적으로 관심을 가지고 지원하지 않음으로써 그러한 일이 발생하고 유지될 수 있다.

이처럼 아이의 관심과 삶의 지향이 학습 외에 다른 데 가 있게 되면 그의 일상생활이 학습이 아닌 것을 중심으로 조직될 뿐만 아니라, 그의 인식체계나 언어까지도 학습 외의 삶을 중심으로 형성되고 발달하게 된다. 그 점은 특히 초등학교 학생들에게서 더욱 두드러진다. 중학교 아이들과 달리 초등학교 아이들은 아직 아동기에 머물러 있음으로써 성인들과는 다른 방식으로 사고하고 행동한다. 예를 들면 다음과 같은 경우다.

> 면담자 : 그럼 수국이는 누굴 보면서 나는 경찰이 되어야겠다고 생각을 했어?
> 김수국 : 나쁜 놈들. … 국제테러조직. … 게릴라, 민병대.
> 면담자 : TV에서 보고 느낀 거야 아니면 뭐 주변에….
> 김수국 : 실제로, 실제로. … 밖에 우린 밖에 나와 있어서 괜찮지만 안에 있던 사람들은, 그 때 하늘에서 총을 쏘고 그랬어요. 한국이 아닌, 전에 그래서 영국에서 군인들이 다 온 거에요. 테러리스트랑. 여기에 문이 있으면 한 쪽에 탱크가 있고 군인도 있고 여기에 어떤 사람들을 다 이쪽 사살 지역으로 몰아넣어서 테러리스트 전부 죽여 버렸어요.
> 면담자 : 언제?
> 김수국 : 전에 한번 그런 때가 있었어요. 우리는 저도 안 태어났고 선생님도 안 태어났을 거에요.
> 면담자 : 옛날에 그런 적이 있었다고 들은 거야 아니면 읽은 거야?
> 김수국 : 들었어요. 근데 내가 봤다고 그랬지. 그건 말을 잘못했네.
> (광주 안전초등학교, 6학년)

위의 면담 내용 중에서 김수국 학생은 현실의 세계와 상상의 세계, 자신이 본 것과 듣거나 읽은 것, 과거의 일과 현재의 일을 구분하지 않은 채 말하고 있다. 현실에서는 과거와 현재가 동시에 존재할 수 없고, 자신이 본 것과 듣거나 읽은 것이 한 장면에 동시에 존재할 수 없다. 그래서 우리는 그것들을 시제와 화법으로 구분하여 말한다. 그렇지만 우리의 상상 속에서는 과거의 일과 현재의 일이 동시에 존재할 수 있고, 자신이 직접 본 것과 자신이 듣거나 읽어서 상상한 것이 역시 동일한 상상의 공간에 함께 존재할 수 있다. 위에서 아마도 김수국은 현실을 말한 것이 아니라 자신이 상상해낸 장면에 관하여 말했을 것이다. 그에게 있어서 상상의 세계는 현실에서 경험하는 것처럼 생생하므로, 그것을 시제나 화법에 의해서 구분해서 말하는 것은 무의미했을 것이다. 그래서 그는 상상의 세계의 일을 현실처럼 말하고 있다고 볼 수 있다. 그리고 그의 이러한 언어는 다른 사람, 특히 학교의 교사에게는 이해할 수 없는 말로 들릴 수밖에 없다.

이처럼 학습부진 학생이 언어를 이해할 수 없도록 구사한다는 점은 학습부진 학생을 지도해본 경험이 있는 교사들이 공통적으로 지적하는 문제다. 교사들은 학습부진 학생의 문제를 지적할 때 공통적으로 언어 능력의 부족을 지적하고, 그것을 학습부진의 중요한 요인으로서 손꼽는다. 예를 들면 한 교사는 다음과 같이 지적한다.

> 머리는 있는 아이고, 기본이 없는 아이는 아니기 때문에 지금 2~3학년 계속 쌓여서 모르는 것이 굉장히 많은데 기본 셈은 돼요. 사칙연산은 되더라고요. 그런데 국어가 문제가 많아요. 집에서 말을 많이 안 했다는 것도 돼요. 말 자체를 하다가 말도 끊어요. 뒤가 없어요. 본인이 하다가 씩 웃어요. 뒤가 생각이 전혀 안 나거든요. 말할 때도 문장을 제대로 완성 못 하구요. 짧게짧게 하는 말만 하고. 글을 보면 더 그래요. 글을 쓰는 능력이 없을 뿐만

아니라 무슨 글인지를 몰라요. 시작하는 말이랑 끝나는 말이 완전히 달라서 짧은 문장 하나도 그렇게 써요. … 언어적인 문제가 더 심각하다고 저는 봐요. (황연미 교사, 서울 이후초등학교)

위의 황연미 교사의 말에 따르면, 학습부진 학생은 어법에 따라서 말하지 못함으로써 그가 하는 말을 이해하기가 어렵다. 그리고 학습부진 학생은 자신의 사고나 경험을 언어를 표현하지 못할 뿐만 아니라, 교사가 언어로 표현하는 내용을 적절히 이해하지 못하기도 한다. 또한 학습부진 학생들은 어법에 따라서 말하는 것이 서투를 뿐만 아니라, 어휘 또한 풍부하지 못하다. 그로 인해서 교사와의 소통에 어려움을 겪는다. 예를 들면 다음과 같은 경우다.

아이들이 국어 수준이 많이 낮아요. 언어가 실력이 부족해서 단어의 뜻을 몰라요. 예를 들어서 국어 시험문제에 나오는 '섭리'라는 말을 몰라요. 그러니깐 수업시간에 선생님이 하는 말도 잘 못 알아듣죠. (김시연 교사, 대전 신당중학교)

이처럼 학습부진 학생들이 '섭리'라는 단어의 의미를 알 수 없는 것은 그들이 지향하는 놀이나 또래집단의 세계가 그러한 어휘를 필요로 하지 않기 때문이다.

요컨대, 학습부진 학생의 관점에서 보면 학습부진이란 단순히 기초학력검사나 학업성취도검사 결과가 일정한 점수에 도달하지 못하는 것만을 뜻하지 않는다. 학습부진이란 일차적으로 아이의 삶의 지향이 학습이 아닌 놀이나 또래집단에 가 있거나, 어느 것도 지향하지 않거나, 학습을 지향하더라도 성취가 부족한 상태이다. 학습부진 학생의 삶이 학습이 아닌 것을 지향하거나, 학습을 지향해도 성취가 부족한 것은 아이들의 삶의 조건과 관련되어 있다. 아이들은 불충분한 삶의 조건 속에서 자신의 일상 삶을 조직하고, 그의 인식체계나 언어까지도 거기에 적합한 방식으로 구성한다. 그리고 그것은 불충분한 조건을 토대로 한 것이므로 아이가 학교에서 학습하는 데는 적절하지 않다. 그 결과 학업성취가 부진할 수밖에 없다. 결국, 학습부진이란 아이의 삶의 조건과 일상생활과 인식체계와 언어가 학습이 아닌 것을 중심으로 구조화되었거나, 학습을 하는 데 적절한 방식으로 구조화되지 못한 상태인 것이다.

4. 학습부진 학생 만들기

이처럼 학습부진 현상을 학생의 전반적인 삶의 맥락에서 살펴보면, 그것은 단순히 학업성취도 검사 결과만으로 환산될 수 있는 것이 아니다. 따라서 학습부진을 해결하기 위한 노력도 단순히 학업성취도 검사 결과를 높이는 데만 한정지어서는 소기의 성과를 거둘 수 없다. 학생의 전반적인 삶의 맥락을 고려하는 가운데, 그들의 삶이 학습을 지향하도록 그들의 삶의 조건과 인식체계와 언어 등을 구조적으로 전환하고, 그 일을 하는 데 있어서 학습부진의 유형에 따라서 다르게 접근해야 한다. 무엇보다도 학습이 부진하지 않은 다른 학생들에 비해서 훨씬 더 많은 시간과 노력을 기울여야 한다.

그러나 현재 우리 학교 현실은 전혀 그렇지 못하다. 오히려 학교에서 학습부진 학생에게 의미있게 기울이는 시간과 노력은 학습이 우수한 학생에 비해서 훨씬 적다. 어느 면에서 보면, 학교의 교육은 의도하지는 않았지만 결과적으로는 학습부진 학생을 양성하는 과정이라고 볼 수 있을 정도다. 그 점은 학교의 일상적인 수업의 장면에서 잘 나타난다. 학습부진 학생을 대상으로 하는 보충수업을 포함해도 마찬가지다. 그 점을 살펴보면 다음과 같다.

1) 제외하기

일상의 교실 수업에서 교사는 자신의 수업 계획, 또는 진도에 따라서 수업을 전개한다. 교사들은 교실에 다양한 수준의 학생이 존재한다는 것을 안다. 특히 자신의 계획대로 학습할 수 있는 준비가 되어있지 않은 학생들이 교실에 함께 존재한다는 것도 안다. 그렇지만, 이미 사전에 계획한 진도에 따라서 수업을 진행해야 하므로, 그 진도를 따라서 학습할 가능성이 없는 학생들은 수업을 시작하기 전부터 교사의 수업 계획 속에서 제외한다. 따라서 수업에서 학습부진 학생은 처음부터 교사의 교수 대상이 되지 못한다. 그것을 두고 교사들은 일반적으로 "중간 수준에 맞추어서" 수업을 한다고 말하지만, 그 말을 달리 하면 '학습부진 학생은 제외하고'라고 말할 수 있다. 다음은 그와 관련된 교사들의 진술이다.

> 그러니까 그게 구성원들이 다양하다보니까 참 이제 일제식 수업할 때는 그런 학생들은 사실은 배제하고 신경을 별로 안 쓰죠. 왜냐하면 그 아이들 신경쓰다보면 수업이 막히고 중단되고 매끄럽지 못하다보니까 수업 전체적으로 수업이 원활하게 흘러가지 못해서 또 그러다보면 수업을 집중하고 열심히 하는 학생들이 굉장히 짜증을 내요. (박인환 교사, 전남 수황중학교)

> 면담자 : 수업을 일반적으로 하실 때는 포커스를 어디에 두세요? 아이들 수준이 다른데.
> 백예지 : 가운데에 두죠. 못하는 애들 기준으로 할 수는 없으니까.

> 면담자 : 그럼 어차피 마음 한 편은 포기를 하고 가셔야겠네요. 몇 명은.
>
> 백예지 : 숙제를 내주는 것도 그나마 옆에 있는 애들에게 물어보기라도 하겠지 하고 내주는 거지 수업 시간에 걔네들이 다 알아들을 거라고는 생각을 못해요.
>
> (서울 원두중학교 교사)

위의 진술에서 알 수 있듯이, 교사들은 교실에 다양한 수준과 특성을 가진 아이들, 특히 학습부진 학생들이 존재한다는 것을 알면서도 그들을 고려하거나 그들을 대상으로 하여 수업하지 않는다. 그리고 교사가 가르치는 내용을 알아들을 것이라고 기대하지도 않는다. 단지 다른 학생들을 위한 수업을 방해하지만 않기를 바란다. 이러한 교실에서 학습부진 학생들은 유령과 같은 존재로서 머무르게 된다.

2) 포기하기

학습부진 학생들은 수업의 과정에서 뿐만 아니라 수업을 마친 다음에도 교사의 고려 대상이 되지 못한다. 교사는 수업을 마친 다음에도 학습부진 학생이 교과의 내용을 학습하지 못했다는 사실을 알면서도 그들을 따로 고려하여 지도하지 않는다. 다음 시간에 가르치도록 계획된 것이 있기 때문이다. 결국 교사는 학습부진 학생을 포기하고 "중간 수준" 학생을 대상으로 다음 시간의 수업을 진행한다. 이 점을 한 교사는 다음과 같이 말했다.

> 네. 수학은 일단 쉬운 개념은 반복해서 설명하는데, 마지막까지 이해가 안 되는 아이들은 포기하고 넘어가야 하더라구요. 벌써 이해한 애들이 있으니까. 일단은 중간 수준에 맞춰서 수업을 해요.

> 근데 이해가 안 되니까 떨어지더라구요. (오화순 교사, 서울 이후 중학교)

이런 수업 속에서 학습부진 학생은 항상 포기될 수밖에 없다. 이것은 마치 엄마가 아이들을 데리고 여행을 떠났는데, 계획한 일정대로 목적지에 도착하기 위해서 뒤쳐지는 아이를 버려두고 길을 재촉하는 것과 다름이 없다. 학교의 수업 속에서는 이런 일이 매시간 반복되고 있는 것이다. 그럼에도 불구하고 교사들은 자신이 아이를 버려두고 길을 떠나는 엄마와 같다고 느끼기보다는, 위의 인용문에서 알 수 있는 것처럼, 아이들이 뒤떨어지는 것이라고 생각한다.

3) 숨죽이기

물론 교사에 따라서 또는 경우에 따라서 교사들은 수업 시간에 학습부진 학생들에게 관심을 가지고 배려하는 경우도 있다. 그러나 그것은 대부분 학습과 관련이 없는 주변적인 것이거나, 학습과 관련이 있는 것이라고 해도 본격적인 학습의 내용과는 동떨어진 것인 경우가 많다. 그렇게 함으로써 교사들은 학습부진 학생에 대한 최소한의 배려는 하게 되고, 학습부진 학생은 자신도 교사의 관심 범위 안에 있다고 느끼게 된다. 동시에 학습부진 학생이 다른 학생의 학습을 방해하는 행동을 하지 않도록 미연에 스스로 방지하도록 한다. 그 점을 한 교사는 다음과 같이 말했다.

> 특별히 수업을 방해하지 않는 부분에 있어서는 그대로 놔두고, 그 다음에 이제 일제식 수업이 아니라 모둠이라 해서 조별로 수업할 때는 그런 학생에 모둠 구성원 중에서 약간 기초학력이 부족한 학

> 생 또는 학습에 열심히 참여하지 않는 학생에게 과제를 부여해 주죠. 과제물 걷어오게 한다든가 또는 숙제를 검사하게 한다든가 그럼으로 인해서 그 구성원의 자기가 일원이라는 것 그럴 때는 쪼끔씩 활동을 하니깐 그럴 수 있죠. 본인이 할 수 있는 것, 본인에게 뭔가 분석하게 하는 것 쓰게 하는 것은 안 되니깐 그런 부분에 있어서는 조금 활동을 시킵니다. (박인환 교사, 전남 수황중학교)

위의 말에서 알 수 있는 것처럼 수업의 과정에서 학습부진 학생들은 중요한 학습의 과정에서는 제외되고, 과제물을 걷거나 숙제를 검사하는 일 등과 같은 주변적인 활동을 할 때만 수업에 참여하게 된다. 그렇지만 그것은 학생의 학습에 전혀 도움이 되지 않는 일이며, 단지 교사의 입장에서 수업을 원만하게 진행하는 데 도움이 되는 활동일 뿐이다. 이런 활동을 통해서 교사는 학생이 한편으로는 자신이 교사의 관심과 인정을 받고 있다고 느끼도록 만들고, 다른 한편으로는 수업을 방해하는 행동을 하지 못하도록 한다. 학습부진 학생이 수업에서 제외되고 포기됨으로서 발생할 수도 있는 일탈이나 저항의 가능성을 사전에 차단하고, 교사의 계획대로 수업이 진행될 수 있도록 하는 것이다.

4) 낙인찍기

이렇게 되는 까닭은 여러 가지가 있지만, 그 가운데 하나는 학습부진 학생을 지도하는 데 필요한 절대적인 시간이 확보되지 않는 것이다. 학생의 학습부진이 단기간에 형성된 것이 아니므로, 그것을 극복하는 데는 일반학생들의 학습에 필요한 시간보다 훨씬 더 많은 시간이 필요하다. 학기당 20시간, 즉 한 학기 동안 주 1회 1시간씩의 학습을 통해서 읽기, 쓰기, 셈하기의 기초 능력 또는 특정 교과의 기초적인 교과 내용을 학습하기를 기대하기는 무리다. 거기에다가 그러한 기초적인 내용을 학습하게 됨으로써 더 수준 높은 내용을 학습하고 있는 다른 학생과 같은 수준의 내용을 학습할 수 있기를 바라는 것은 무리다. 아래의 백예지 교사의 말은 바로 그 점을 지적하고 있다.

> 백예지 : 사실 저런 아이들 지도 할 때는 매일 지도해야 겨우 겨우 올릴 수 있을 것 같은데 일주일에 한 번이면 정말 힘들잖아요.
> 면담자 : 몇 시간 정도씩이요?
> 백예지 : 저희가 일주일에 한 번 한 시간 정도거든요. 더 많이 부족하죠.
>
> (서울 원두중학교 교사)

이와 함께, 그나마 이루어지는 부진 학생을 지도하기 위한 수업 역시 충실하게 이루어지지 않는 경우가 대부분이다. 학교에서는 실제로 보충지도가 필요한 모든 학생을 대상으로 하기보다는 학습부진 학생들 중에 일부 학생만 선정해서 지도하고, 선정된 학생들마저 일부만 수업에 참석한다. 아래의 말은 그 점을 보여준다.

> 면담자 : 가르치실 때 제일 어려운 부분이 뭔가요?
> 백예지 : 출석이요. … 안 와요. 부끄러워하는 것도 있고요. 부진아반에 있다는 것에 있다는 것을 부끄러워하는 애들도 있고요. 그리고 그런 것을 챙겨서 하는 애들이었으면 아마 성적이 좋았겠죠. 워낙 챙기지 못하는 애들이 많으니까. 워낙 순수하게 그게 있었다는 사실조차 까먹고 가는 애도 있고요. 하기 싫으니까 그냥 가는 애들도 있고요.
> 면담자 : 그런 애들 많아요?

> 백예지 : 많죠. 많이는 지도를 못하니까 필요한 애들 다 하면 한 50명 정도 되는데 그렇게는 못하고 보통 10명에서 15명 사이에서 뽑거든요. 그 중에 반 정도는 안 나오구요. 오늘 안 오면 가만 안 두겠다 하죠. 협박하다시피 해서.
> (서울 원두중학교 교사)

또한 그 수업마저도 학생들에게는 이해되지 않는 경우가 대부분이다. 보충지도는 많은 경우에 문제지를 풀게 하거나 영어 단어나 문장 외우기를 중심으로 이루어지고, 그 시간마저도 교사가 학교의 다른 일로 바쁘면 학생들에게 맡겨두고 자리를 뜨기도 한다.

> 애들을 수업이 끝나고 공부를 시키려고 해도 잡무 및 회의가 자꾸 있어서요 애들을 기다리라고 할 수도 없고 지도하기가 어려워요. 그런 상황에서 할 수 있는 게 학습지를 풀고 책상위에 놓고 가라고 하는 것 밖에 없어요. (오순지 교사, 대전 안윤초등학교)

> 선생님들도 워낙에 바쁘시다보니깐 그게 안되고, 하더라도 잠시 학습지 위주로 이걸 해라 이렇게 말하지 일일이 수업시간 같이 일일이 설명을 해주고 1:1로 하기는 힘들더라구요. (고성미 교사, 광주 안전초등학교)

학습부진 학생은 이런 과정을 통해서 다시 한 번 학습부진의 늪으로 빠져들고, 거기서 벗어나지 못하게 된다. 결국 학습부진 학생을 구제하기 위한 보충 수업마저도 학생의 학습부진을 구제하지 못하고 오히려 학습부진 학생들로 하여금 스스로 학습부진 학생이라는 인식을 가지게 만든다. 아래의 교사의 말에서 "만났던 애들을 거의 계속 보는 것 같아요."라는 말이 바로 그 점을 지적한다.

면담자 : 그런데 이것을 하다가 성과가 나거나 업그레이드가 된 친구들이 있나요?

백예지 : 잘 없는데. 만났던 애들을 거의 계속 보는 것 같아요. 아까도 말씀 드렸지만 일주일에 한 번 뿐이잖아요. 가르치는 게 시험이랑 직결되는 것을 가르칠 수 없으니까. 그 많은 시험 범위에서 아주 기초적인 것을 하는 거니까 시험 문제에서 이대로 보는 것은 아니니까. 그렇다고 제가 시험 문제를 유출할 수는 없으니까.

(서울 원두중학교, 교사)

이처럼 학습부진 학생을 구제하기 위한 보충수업은 실제에 있어서는 학습부진 학생의 부진을 공식적으로 확인하고, 결과적으로는 부진 학생이라는 낙인을 찍는 역할을 수행하게 된다. 그리고 학생들은 초등학교 시절부터 이러한 일을 여러 차례 반복해서 경험하면서 상급학년에 진학하게 되고, 중학교에 이르러서는 학습부진 학생으로 고착되게 된다.

요컨대, 학습부진 학생은 학교의 수업을 통해서 학습부진으로부터 벗어나는 것이 아니라, 오히려 학습부진이 심화되고 학습부진 학생으로 낙인이 찍히게 되는 것이다. 결국, 학교는 한편으로는 인재를 양성하기도 하지만, 그 이면에서는 동시에 학습부진 학생을 양성하고 있는 셈이다.

5. 학교 체제의 한계

학교가 이처럼 학습부진 학생을 양성하게 되는 것은 학교의 체제가 학습부진 학생을 비롯하여 학생을 중심으로 운영되지 않고 있기 때문이다. 학교는 국가가 고시한 교육과정을 비롯하여 학교의 교육과정에 따라서 운영되고, 교육청 등과 같은 상급 기관의 감독을 받는다. 그 과정에서 학교는 학생의 학습보다는 계획에 따라서 교육과정 목표를 달성하는 것과 상급 기관에 실적을 보여주는 것을 우선시한다. 그리고 교사들 역시 그런 학교 체제에 적응하는 방식으로 학습부진 학생을 바라보고 대한다. 그 점을 살펴보면 다음과 같다.

1) 교육과정의 기계적 운영

대한민국에서 태어나고 자란 학생이라면 특별히 심각한 장애를 가지고 있지 않는 한 만 6세가 되면 의무적으로 초등학교에 입학하여 만 15세가 되면 중학교를 졸업한다. 그 기간 동안 학교는 국가가 고시한 교육과정의 규정에 따라서 고등학교 1학년까지 국민공통기본교육과정의 내용을 해마다 220여 일에 걸쳐서 학생들에게 가르친다.[6] 학교는 학생들을 체계적으로 가르치기 위해서 학교 교육과정, 과목별 연간 진도 계획, 월간 수업 계획, 주간 수업 계획, 차시 수업 계획 등을 편성하고, 그 계획에 따라서 수업을 운영한다.

학교가 이러한 방식으로 운영되는 것은 다수의 학생들을 단기간에 효율적으로 학습하도록 하기 위해서다. 학교가 학생의 학습 내용, 학습 방법, 학습 시기 등과 관련된 계획을 미리 수립하고 그 계획에 따라서 교육과정을 운영하면 다수의 학생들을 일시에 효과적이고 효율적으로 학습하도록 만들 수 있다고 믿기 때문이다. 그

6) 최근 들어서는 주5일제 수업을 하면서부터 연간 15일 정도 수업일수가 줄어들었다.

래서 학교는 학교라는 하나의 공간에 많은 학생들을 일시에 수용해서 동일한 내용을 동일한 시간 동안 동일한 방법으로 가르친다.

학생들은 이러한 학교와 교사의 계획에 따라서 수업에 참여한다. 학생들은, 학교가 지정한 날짜에 입학하고, 학교가 지정한 시각에 등교하고, 학교가 지정한 시간 동안 학습하고, 학교가 지정한 내용을 배우고, 교사가 설명하는 하나의 내용을 듣고, 학교가 지정한 시간 동안 쉬고, 학교가 허락하는 시각에 하교하고, 학교가 인정하는 시기에 진급하고, 학교가 지정한 날짜에 졸업한다. 학교를 졸업한 학생들은 학교가 계획한 내용을 학습했을 것으로 인정된다.

학교가 이처럼 사전에 계획을 수립한 상태에서 교육과정을 운영함으로써 모든 학생이 학습했다고 믿기 위해서는 두 가지 전제가 필요하다. 하나는 학교의 계획이 기대하는 학습 결과를 낳을 수 있도록 타당해야 한다는 점이다. 이러한 타당성을 확보하기 위해서 국가와 교육청 등은 전문가 등의 연구를 통해서 학교의 교육과정과 교육 내용, 교과용 도서, 교육 방법 등을 엄밀하게 검토하여 설정한다. 다른 하나는 학교에 재학하고 있는 학생들이 학교의 교육 계획에 따라서 학습할 수 있는 능력과 조건을 적절히 갖추고 있어야 한다는 점이다. 이 두 가지 전제가 충족될 때 학교에서 학생들은 학교가 계획한 내용을 적절히 학습할 수 있다. 그리고 학교는 이 두 가지 전제가 갖추어져 있다고 간주하고 학교의 교육과정을 계획하고 운영한다.

2) 학생의 다양성

그런데, 학교의 현실은 앞의 두 가지 전제를 모두 충분히 갖추고 있지 못하다. 특히 학생의 측면에서 그렇다. 현재 우리나라의 동일 학교급 동일 학년에 재학하는 학생이라고 해도 학생의 지적인 능력, 학습에 대한 관심, 가정의 형편 등이 서로 다르다. 학생들 가운데 일부는 어떤 이유에서건 학교가 계획한 내용을 학습하는 데 필요한 능력이나 조건을 갖추지 못하고 있다. 그들은 대체로 동일한 또래의 아이들에 비해서 선천적으로 지적인 능력이 부족하거나, 현재의 학습에 필요한 이전 학습이 부족하거나, 학교 학습에 대한 관심이 부족하거나, 심지어는 학습을 비롯하여 모든 생활의 토대라고 할 수 있는 가정의 지원이나 관심이 부족하기도 하다. 따라서 이런 아이들은 학교가 미리 세워 놓은 계획에 따라서 학습하는 것이 불가능하므로 학습부진 학생이 될 개연성이 크다. 학교는 애초부터 이런 학생을 염두에 두고 교육 계획을 수립하지 않기 때문이다. 즉 학교는 다수의 일반적인 학생을 상정한 채로 교육 계획을 수립하기 때문에 거기서 벗어나는 학생들은 학습부진 학생이 될 가능성이 커질 수밖에 없다.

제7차 교육과정에 이르러서는 이러한 학생의 문제를 해결하기 위해서 수준별 교육과정 또는 수준별 수업을 도입했지만, 수준별 수업이 실효성 있게 이루어지지 않을 뿐만 아니라, 설령 실효성 있게 이루어진다고 해도 평가는 다른 학생과 동일하게 함으로써 여전히 이러한 학생들은 학습부진 학생으로 규정되고 머무르게 될 수밖에 없게 된다. 결국 학교에서 학습부진 학생들을 위한 실질적인 수업은 찾아보기 어렵다. 다음은 그 점에 대한 지적이다.

면담자: 거북이 반 수업은 어떻게 진행이 되나요?

김시연: 아침 자습 시간에 1시간 하고 1시간은 방과 후에 해요. 1주일에 2시간 정도해요, 그런데 맹점이 평가야. 어차피 수준별 수업을 들어도 나중에 평가는 다 똑같이 하니깐 어려워지죠. 매일 기초만 배우는데 평가는 어려우니깐. 전 정말 살아가는데 꼭 필요한 수준, 정말 쉬운 개념과 문제를 풀어줘요. 그래서 그건 잘 해도 다시 평가로 돌아가면 소용이 없어요.

(대전 신당중학교 교사)

학교시험을 보면 학교시험은 그게 아니잖아요. 그니까 학교시험은 당연히 찍는 것이고 '그 학생들을 위한 프로그램은 없다'라고 보면 되죠. 평가까지도 그러니까 어렵죠. (김정이 교사, 전남 수황중학교)

그렇지만 우리 학교에는 엄연히 위의 학생들과 같이 무엇인가 부족하거나 지나친 점을 지닌 학생들이 존재하고 있다. 그리고 최근 들어서 경제적인 이유 등으로 가정이 해체된 학생들이 많아지고, 다문화 가정의 자녀들이 많아짐으로써 그 숫자는 점점 더 늘어나고 있다. 그것은 학습부진의 가능성을 가진 학생들이 점점 더 많아지고 있다는 것을 뜻하기도 한다. 그리고 학교가 현재의 체제를 유지하는 한 그 학생들은 실지로 학습부진에 빠지게 될 가능성이 농후하다.

3) 학교의 성과와 업무

그럼에도 불구하고 학교는 교사들로 하여금 학습부진 학생들을 지도하는 데 전념하도록 지원하지 않는다. 물론 교육청의 예산을 받아서 학습부진 학생을 지도하는 데 사용하고, 학습부진 학생을 지도하기 위하여 특별보충수업을 운영하기도 하지만, 위에서 살펴본 것처럼 그것은 실질적인 지원이 되지 못한다. 전체적으로 보면 학교는 오히려 교사가 학습부진 학생뿐만 아니라 일반 학생들의 학습지도마저도 소홀히 하도록 만든다.

학교장이 학교를 경영하면서 일차적으로 관심을 갖는 것은 학교의 성과다. 학교의 성과는 크게 두 가지다. 하나는 학생의 학업성적이고, 다른 하나는 학교의 각종 특색사업이다. 학교장은 이 두 가지를 통해서 대외적으로 우수한 평가를 받고자 한다.

학교가 학업성적과 관련해서 우수한 평가를 받기 위해서는 우수한 학생이 많아서 그들이 유수의 상급학교에 많이 진학하거나, 학교의 평균이 높아야 한다. 그러한 이유에서 학교는 우수한 학생을 많이 육성하는 데 더 많은 노력을 기울인다. 이와 함께 학습부진 학생에게도 관심을 갖지만 그것은 학생 개인을 위해서 관심을 갖는 것이 아니라 학교의 전체 평균을 높이기 위한 목적으로서 관심을 갖는다. 이러한 상황 속에서 학교가 학습부진 학생을 구제하기 위해서 적극적으로 노력하기를 기대하기는 쉽지 않다. 아래의 곽형석 교사의 말이 그 점을 보여준다.

> 학교에서 대체적으로 이슈가 되는 것은 전체 평균이 나아지거나 우수한 학생이 얼마나 있는지 등입니다. 그러므로 솔직하게 부진 학생을 지도함에 학교에서 느낄 수 있는 성과가 거의 없는 편이지요. 보람의 여부도 그에 따른다고 생각합니다. 국어과의 예를 들어도 부진 학생에게 필요한 언어 이해력을 올려 주었다 해도, 실제 성적이나 평균에 크게 도움은 안 되니 사실 성과는 거의 없는 거지요. (곽형석 교사, 경기 양현여자중학교)

위에서 곽형석 교사는 학습부진 학생을 지도하는 일도 성적이나 평균에 도움이 되지 않는다면 성과가 없는 것으로 보고 있다. 그에 따르면, 가시적으로 드러나는 것만이 성과가 될 수 있으며, 가시적인 성과로서 드러날 수 없는 것이라면 애써 노력할 필요가 없는 일일 수도 있는 것이다.

그리고 학습부진 학생에 대한 이러한 성과 중심의 인식은 학생들 사이에도 동일하게 반영된다. 학생들은 자신의 친구의 학습부진을 염려하기보다는 학교나 학급의 평균을 먼저 염려한다. 친구 자신을 위해서 공부하도록 격려하고 도와주기보다는 학급의 평균을 위해서 공부하도록 자극한다. 아래가 그 예이다.

> 면담자 : 학교를 다니면서 열심히 공부했던 적은 언제야?
> 채수혁 : 애들이 반 평균 좀 깎아 먹지 말라고 구박했을 때 3일 열심히 한 적이 있는데 효과가 없더라고요. 그래서 애들한테 신경 쓰지 말라고 했어요.
>
> (대전 신당중학교 3학년)

이와 함께 학교는 또 다른 종류의 성과를 올리기 위해서 다양한 특색사업을 전개한다. 그것은 시범학교 운영일 수도 있고, 연구학교 운영일 수도 있고, 학교의 고유한 교육중점일 수도 있다. 어느 경우건 그것은 학교의 일상적인 교육활동과는 별개로 이루어지는 것이다. 그리고 그 특색사업들은 대부분 학교의 교사들이 감당한다. 교사들은 그와 관련된 업무를 수행하기 위해서 별도의 시간을 확보해야 하고, 교사들에게 시간이 무한정 주어지지 않은 이상 다른 어디선가 그 시간을 나누어 가져와야 한다. 그리고 교사들이 가장 많이 쪼개 쓸 수 있는 시간이 수업과 관련된 시간이다. 교사들은 수업 준비에 필요한 시간, 심지어는 수업 시간마저 쪼개서 업무를 처리하는 데 사용한다. 그로 인해서 교사들은 학습부진 학생을 위한 수업을 충실하게 할 수 없고, 일반 수업에서도 학습부진 학생을 고려하여 수업하는 일이 더욱 불가능해진다. 아래의 안상천 교사의 말은 그 점을 보여준다.

> 올해 학교 일이 더 많아 졌어요. 학교 일이 쉬지 않고 왔거든요. (부진 학생을 지도)할 틈이 없었어요. 퇴근도 개인적으로 늦게 하고. 다른 일도 있고 하니까. 제가 칼퇴근하는 것도 아닌데도 불구하고 시간적인 여유가 없더라구요. 저를 개발하긴 위한 연수를 가더라도 아이들을 남겨야 하는데, 3시에 출장을 가면 아이들을 남길 수 없는 상태잖아요. 그런 것 때문에 작년에도 대단히 많이 힘들었거든요. 제가 어딘가를 가서 다른 일을 해야 하면 아이들을 남길 수 없는 상황이잖아요. 중요한 것은 아이들이 꾸준히 해야 하는데 자꾸 일이 생기니까. 그게 좀 많이 힘들죠. (안상천 교사, 서울 임하초등학교)

위에서 안상천 교사는 학교의 바쁜 업무로 인해서 학습부진 학생을 지도하기가 어렵다고 했지만, 대부분의 교사들은 학교의 업무 때문에 일상적인 수업을 소홀히 하는 경우가 많다. 아래는 그 사례다.

> 선생님의 가장 주된 업무가 학습지도인데 다른 업무가 먼저이게 할 때가 있어요. 수업이 있는데 회의가 있으니까 교무실로 내려오세요 이런 거. 개인적인 용무로 수업 시간에 부르실 때. 교사들은 가끔 있는데, 부장 선생님들은 자주 있어요. 학부모들은 우리 애가 부장 담임이다 그러면 '올해 망했다'라고 생각할 정도에요. 잡다한 업무 때문에 애들을 버려두고 교무실에 가야 하는 일이 제일……. (오화순 교사, 서울 이후초등학교)

즉, 학교의 현실은 교사들이 계획한 중간 수준의 학생들을 대상으로 수업하는 일마저도 쉽지 않으며, 이런 현실 속에서 교사들이 일상의 수업을 통해서 부진 학생을 고려하여 수업하기를 기대하는 것은 농부가 콩 심어 놓고 팥이 나기를 기대하는 것과 다름이 없다.

한편, 교사들은 이러한 학교 현실 속에서 일상 수업을 준비하거나 자신이 기본적으로 수행해야 하는 업무를 수행하는 데 필요한 시간을 확보하기 위해서 학습부진 학생을 지도하는 업무를 기피하기도 한다.

> 업무 지정도 문제입니다. 연구부장 직책도 바쁜데 업무상 과중하게 되는 겁니다. 교과 부진아도 마찬가지인데, 학년에서 솔직히 부진아 지도를 희망하는 교사가 없구요. 타의에 의해 지도를 맡게 되는 경우가 태반입니다. 방과 후 지도를 하기에는 다른 업무 처리 시간을 쪼개야 하기 때문에 어려움이 발생하는 것이지요. (이지숙 교사, 인천 청덕초등학교)

그리고 교사들 가운데 일부는 학습부진 학생에게 관심을 갖고 지도하기 위해서 많은 노력을 기울이기도 하지만, 매일 네 시간 또는 다섯 시간 동안 수업을 해야 하고, 거기에 덧붙여서 학교의 업무를 수행하는 동안 시간뿐만 아니라 체력까지 소진되어서 학습부진 학생을 충실하게 지도할 수 없게 된다. 예를 들면 다음과 같은 경우다.

> 저희가 하루에 수업을 한 4시간, 5시간씩 수업을 하거든요. 그러면 오후에 걔네들은 따로 수업을 해야 하기 때문에 따로 수업을 하게 되면 선생님들도 지쳐요. 왜냐면 업무도 있고 담임도 있고 그러니까 그 애들 지도할 때쯤 되면 좀 많이 힘들죠. 걔네들 지도할 때는 인내심도 많이 필요하고, 다른 학생들 보다. 그래서 저희

> 같은 경우는 … 너무 힘들고 그러니까 한 학기 20시간밖에 설정을 안 해요. 그니까 실은 시간이 애들도 많이 필요하거든요. 수학이 한두 시간 해서 되는 것도 아니고. (김정이 교사, 전남 수황중학교)

요컨대, 학교가 외적인 성과를 중요시하고 그것을 지향하는 방향으로 운영되기 때문에, 교사들은 학습부진 학생을 지도하는 데 큰 관심과 노력을 기울일 수가 없게 된다. 이러한 학교 속에서 학습부진 학생을 지도하는 일은 또 하나의 성과일 뿐이다. 즉, 학생은 학교 또는 학교 관리자의 성과를 알리기 위한 도구가 될 뿐이다. 이러한 학교 속에서 학습부진 학생의 부진이 누적되고 악화되는 것은 당연한 현상이다.

4) 4순위로서의 학습부진 학생

이러한 학교 속에서 학생들, 특히 학습부진 학생들은 교사의 눈에 중요한 고려의 대상이 아니다. 교사들이 일차적으로 고려하는 것은 자신이 담당한 업무와 수업 계획이다. 학교에서 교사는 주어진 업무를 기한 내에 처리하는 것을 가장 우선시한다. 그 업무를 처리하기 위해서는 수업을 2순위로 미뤄두지 않을 수 없다. 다음은 그와 관련된 교사의 말이다.

> 네. 시간이 없어요. · · · 가르치는 건 아무것도 아니에요. 매일 잡무 처리하다가 시간 다가요. 너무 많아요 그런 게. 그런 게 항상 스트레스죠. 수업은 아무것도 아니에요. 수업을 하는데 신경 쓸 여유가 없어요. 매일 보고하고, 보고도 적당히 하시는 게 하나도 없어요. (최걸우 교사, 서울 석청여자중학교)

그리고 교사가 설령 수업을 한다고 해도 교사가 먼저 고려하는 것은 학생의 학습이 아니라 계획대로 진도를 나가는 것이다. 교사는 수업을 할 때 학생이 교과 내용을 학습했는지 보다 계획한대로 수업을 진행하는 것을 더욱 중요하게 생각한다. 즉 학생보다 계획을 더 중요하게 생각하는 것이다. 다음은 그와 관련된 교사의 진술이다.

> 시간이 부족하다고 해야 되는 건지. 사실 그렇지 않으면 계획한 교육과정을 나갈 수가 없잖아요. 그렇다고 곱셈, 나눗셈만 할 수는 없는 거잖아요. 수학이 곱셈, 나눗셈만 하는 게 아니니까. 문제 해결을 하기 위해 곱셈, 나눗셈이 필요한 건데. (조지연 교사, 서울 임하초등학교)

또한 수업의 과정에서 교사가 학생을 고려해서 수업을 진행한다고 해도 학습부진 학생은 주요한 고려의 대상이 아니다. 수업에서 교사는 다수의 학생들이 학습한 것으로 확인되면 학습부진 학생들이 이해하지 못했다는 것을 알면서도 다음 과정으로 수업을 이행한다. 결국 학교, 그리고 학교의 수업에서 학습부진 학생은 교사에게 가장 마지막으로 고려되는 대상인 셈이다.

5) 아이에 대한 무지

이런 학교의 상황 속에서 교사가 아이에 관하여 깊은 관심을 가지고, 각각의 아이들에게 적절하게 대응하기를 기대하는 것은 나무 위에 올라가서 물고기를 잡기를 바라는 것과 다르지 않다. 면담에 참여한 교사들은 대체로 아이들에 관하여 잘 모를 뿐만 아니라, 어느 교사는 자신이 아이에 관하여 잘 모르는 것을 당연한 것처럼 말하기도 했다. 그는 이렇게 말했다.

> 면담자 : 그럼 그 학생은 지금 어디에 사나요?
> 박윤식 : 모르겠습니다. 아파트는, 제가 한번 알아볼까요?
> 면담자 : 아니요.
> 박윤식 : 네. 수국이요, 음-. 선택적 주의집중이라는 건, 그런 걸 기억하고 있는 사람이 이상한 것 같네요. 일반 잡무가 얼마나 많은데 그걸 기억하고 있습니까. 어, 선생님도 교육학을 전공하고 계시니까 선택적 주의집중이라는 말을 알아들으셨을 겁니다.
> (광주 안전초등학교 교사)

위 말을 규범적으로 바라보면, 교사로서 해서는 안 될 말이라고 볼 수도 있지만, 그가 말한 바와 같이 일반 잡무가 많은데다가 성과와 업무를 우선시하는 학교 현실에서는 그것을 기억하고 있는 사람이 이상한 사람일 수도 있다. 즉, 학교가 교사로 하여금 학생에 관하여 알 수 있는 기회와 이유를 주지 않는 것이다. 그 점에서 위 말은 학교의 현실을 전형적으로 보여주는 말이라고 볼 수 있다.

이처럼 교사가 학생에 관하여 알지 못한다는 것은 단순히 학생의 가정 환경이나 몇 가지 성격적 특성에 관하여 모르는 것만을 의미하지 않는다. 앞의 제2절에서 확인한 바와 같이, 아이가 어떤 조건 속에서 살아가고, 그 조건 속에서 어떤 삶을 지향하고, 그것을 지향하는 과정에서 자신이 일상과 인식체계와 언어세계를 어떻게 구성해 가는지를 모른다는 것을 뜻한다. 특히, 아이는 자신과 다른 언어세계와 인지체계를 소유함으로써 교사가 하는 말이 아이에게는 다른 의미로 받아들여질 수 있다는 것을 모른다는 것을 뜻한다. 그 결과 교사는 수업의 과정에서 아이가 알아들을 수 없는 말을 할 수밖에 없고, 교사가 아무리 애써 가르쳐도 아이는 항상 학습부진의 늪에서 빠져나올 수 없는 것이다. 그 점을 한 교사는 다음과 같이 말했다.

> 책을 많이 읽는 거 보면 국어는 안 떨어질 것 같은데 요점을 잘 파악을 못해요. 읽기는 읽지만 핵심을 모르니까 제가 질문을 했을 때 그거에 대한 대답이 엉뚱한 것이 나오는 거에요. (안상천 교사, 서울 임하초등학교)

위에서 학생이 교사의 질문에 대해서 엉뚱한 대답을 했다는 것은, 학생이 적어도 그 질문이 무엇을 묻는 것인지를 생각했다는 것을 의미한다. 그리고 자신의 그 생각에 비추어서 대답을 찾아 말했다는 것을 의미한다. 여기서 교사가 할 일은 아이가 엉뚱한 대답을 하게 된 과정이나 이유를 찾아서 그것을 수정하거나 교정하도록 돕는 일이다. 그러기 위해서는 아이의 내면의 사고 세계를 알아야 한다. 교사는 아이가 자신이 하는 말을 어떤 의미로 받아들이는지, 왜 그런 의미로 받아들이는지 알아야 한다. 아이가 어떤 인식체계에 의해서 교사가 하는 말을 해석해서 받아들이고 반응하는지를 알아야 한다. 그것을 알지 못하는 상태에서 교사는 아이 앞에서 독백할 수밖에 없고, 아래의 사례에서 볼 수 있는 것처럼 아이는 그 말을 "이상한 말씀으로 받아들이고 반응할 수밖에 없다. 그리고 교사는 아이의 반응을 엉뚱한 것으로 인식하는 것이다.

> 면담자 : 어떤 과목을 싫어해?
> 채수혁 : 도덕이요, 졸려서 싫어요.
> 면담자 : 수업을 어떻게 해주시는데?

채수혁 : 이상한 말씀을 해주시긴 하는데 무슨 말인지 못 알아듣겠어요. 저만 못 알아듣는 것 같아요.

(대전 신당중학교, 2학년)

6. 학생을 위한 학교로

일반적으로 학교에서 부진 학생을 구제하기 위해서 노력하고 있음에도 불구하고 부진 학생이 나아지지 않는 것은, 그것이 학생의 지적인 능력 부족으로 인해서건 학습 의욕 부족으로 인해서건, 학생이 열심히 노력하지 않기 때문이라고 본다. 또는 학생이 열심히 노력할 형편이 되지 않기 때문이라고 본다. 간단히 말하면 '학생 때문에' 학습부진이 발생하거나 학습부진이 개선되지 못한다고 보는 것이다. 이것은 학생의 학습부진 또는 학습부진이 개선되지 않는 원인을 학생에게서 찾는 방식이다. 즉 학교나 교사를 기준으로 말하는 것이다.

그러나 교육이 교사와 학생 사이의 유기적인 상호작용에 의해서 이루어지는 것이라는 점을 고려하면, 이러한 지적은 온당하지 않다. 동일한 문제를 학생을 기준으로 말하면, 학교 또는 교사의 교수 능력이 부족해서이건 교수 의욕이 부족해서이건, 학생이 배울 수 있게 학교가 가르쳐주지 않기 때문이다. 또는 학교가 학습부진 학생을 지도할 형편이 안 되기 때문이다. 간단히 말하면 '학교나 교사 때문에' 학습부진이 발생하거나 학습부진이 개선되지 못한다고 볼 수 있다. 또는 설령 학습부진의 일차적인 원인이 학생 쪽에 있다고 해도, 학교가 그것에 적절하게 대처하지 못했기 때문이라고 볼 수 있다. 이 후자를 인정할 때 우리는 학습부진 학생을 위해서 지금까지와는 다르게 학교와 교사가 무엇을 어떻게 해야 하는지를 모색할 수 있다. 그럼에도 불구하고 우리는 그동안 이 후자에 대한 관심을 소홀히 해왔다.

지금까지 살펴본 바와 같이 학습부진은 단순히 '학습'의 부진만이 아니다. 학생의 학습이 부진하다는 것은, 일차적으로 그가 우리 사회의 건강한 성인으로서 자라나는 데 요구되는 조건 가운데 일부가 결핍되어 있다는 것을 뜻한다. 학생은 그러한 조건 속에서 자신의 삶을 학습, 놀이, 또래 등을 중심으로 지향해가고, 그 과정에서 자신의 일상 생활과 인식체계와 언어까지도 그 지향에 적합하도록 구성해간다. 그런데, 아이의 삶의 지향이 학습에 있지 않거나, 지향이 학습에 있어도 조건의 결핍으로 인해서 기대하는 학업성취를 이루지 못할 때 우리는 그 학생을 학습부진 학생이라고 부른다. 즉, 학습부진이란 아이의 삶의 조건과 일상 생활과 인식체계와 언어가 학습을 중심으로 적절히 구조화되지 못한 상태인 것이다. 그리고 학습부진 학생은 그들이 각각 지향하는 바나, 결핍된 조건의 특성에 따라서 서로 다른 유형으로 구분된다.

이러한 사실은 우리가 학습부진 학생의 문제를 해결하는 데 있어서 종전과는 근본적으로 다른 접근을 시도할 것을 시사한다. 학습부진을 이러한 의미로서 다시 바라보게 되면, 학습부진을 기초학력검사나 학업성취도검사 결과만으로 판단하는 것은 지나치게 단순하고 피상적으로 파악하는 것임을 알 수 있다. 또한 우리가 지금까지 해온 것처럼 학생의 점수를 높이기 위해서 일 주일에 한두 시간 동안 문제집 풀이 중심으로 이루어져 온 학습부진 구제 활동은 지나치게 안이한 접근이었다는 것을 알 수 있다.

이런 점들을 인정하면, 학교에서 학습부진을 구제하는 것은 그동안 우리가 생각해온 것보다 훨씬 더 복잡하고 체계적인 노력을 요구하는 일이라는 것을 알 수 있다. 그것은 단순히 교과학습에 한정지어서 해결될 수 있는 문제가 아니며, 단기간에 해결될 수 있는 문제도 아니다. 또한 학생과 교사만의 노력에 의해서 해결될 수 있는 문제가 아니다. 학생 본인은 물론이고 교사와 학교와 교육청과 정부, 그리고 관련 연구 기관과 대학과 사회 전체가 유기적으로 결합되어서 연구하고 실천하는 작업을 통해서 점진적으로 해결해가야 하는 문제다. 만일 이 점을 무시한 채 성급하게 가시적인 성과를 거두기 위한 방식으로 접근하면, 그것은 종전의 시행착오를 되풀이 하는 일이 될 것이다. 이와 같은 학습부진 학생의 학습부진을 해결하기 위해서 우리가 수행해야 하는 과제와 대안적 정책을 수립하기 위한 기본적인 방향을 정리하면 다음과 같다.

1) 학습부진 학생의 이해

학습부진 학생을 적절히 지도할 수 있기 위해서는 학습부진 학생에 대한 충분한 이해가 뒷받침되어야 한다. 아이가 어떤 유형의 학습부진에 놓여있고, 아이는 어떤 삶을 지향하면서 살아가는지, 아이는 그러한 지향 속에서 어떻게 일상을 조직하면서 살아가는지, 아이는 어떤 인지체계에 의해서 주변을 바라보는지, 아이가 그러한 삶의 지향하게 된 이유가 무엇인지, 아이가 현재 어떤 조건 속에서 살아가는지, 그리고 아이의 현재 학습수준이 어느 정도인지를 확인해야 한다. 이러한 확인을 토대로 아이에게 적합한 부진 해결 방안을 모색해야 한다.

이러한 이해를 토대로 아이의 삶의 지향을 학습이 아닌 것에서 학습으로 전환시키기 위해서 어떤 노력을 해야 하는지, 아이의 일상을 학습을 중심으로 재조직하도록 하려면 어떻게 해야 하는지, 아이의 인지체계를 학습을 중심으로 재구성하도록 하려면 어떻게 해야 하는지, 아이가 살아가는 조건 가운데 결손되어 있는 것은 무엇이고 그것을 어떻게 보완해 줄 것인지, 그리고 아이의 학습수준을 향상하기 위해서는 어떤 방법이 필요한지, 이런 여러 방법들을 어떤 순서로 적용할 것인지 등을 아이의 특성에 적합하게 모색하고 실천해가야 한다.

아이를 이처럼 이해하고 실천하기 위해서는 아이를 이해할 수 있는 체계적인 연구 방법과 도구가 필요하다. 다수의 아이들을 손쉽게 진단하고 처방을 모색하기 위해서는 학습뿐만 아니라 아이의 삶을 전반적으로 진단할 수 있는 종합적인 진단도구가 필요할 수도 있다. 그리고 다수의 아이들에게 공통적으로 적용될 수 있는 처방과 절차가 제시될 수 있다. 그렇지만 그러한 진단도구와 표준화된 처방과 절차를 개발하기 위해서는 사전에 다양한 학습부진 사례를 체계적으로 수집하고 분석할 필요가 있다. 그것을 바탕으로 종합적인 진단도구와 표준화된 처방을 마련할 필요가 있다. 또한 교사가 다양한 사례를 참고해서 유사한 사례의 학생을 이해하고 처방할 수 있도록 지원할 필요가 있다. 그 작업을 하기 위해서 본 연구에서 수행한 것보다 훨씬 더 체계적이고 엄밀한 연구와 연구방법이 필요하다. 결국, 우리 모두가 학습부진 학생을 이해하려는 노력을 함께 기울여야 한다. 학습부진의 원인이 교사들만의 탓이 아니듯이, 그것을 해결하기 위한 노력 역시 교사들만의 몫이 아니기 때문이다.

2) 교사의 역량 제고

학교에서 학습부진 학생을 지도하는 사람은 교사이다. 교사가 학습부진 학생을 적절히 지도할 수 있기 위해서는 교사의 역량이 뒷받침되어야 한다. 지금과 같이 교사가 점수만으로 아이의 학습부진을 파악하고, 아이의 학습부진 원인을 단편적으로 판단해서는 학습부진 학생을 적절히 지도할 수 없다. 물론 연구자들이 만들어놓은 종합적인 진단도구와 표준화된 처방과 절차에 의해서 학습부진 학생을 어느 정도 지도할 수는 있다. 그렇지만 학습부진은 아이들마다 특성이 서로 다르므로, 그에 따라서 처방과 절차를 다르게 해야 한다. 무엇보다도 여러 교사들이 지적한 바와 같이 학습부진 학생을 지도하는 과정에서 교사와 학생이 당면하는 가장 직접적인 문제는 둘 사이에 의사소통이 이루어지지 않는다는 점이다. 그것은 앞서 확인한 바와 같이 교사와 학생의 인지체계와 언어세계가 서로 다르기 때문이다. 인지체계와 언어세계가 서로 다른 두 사람 사이에 대화가 이루어지도록 하는 것이 교사의 할 일이다.

그것은 종합적인 진단도구나 표준화된 처방으로는 해결할 수 없는 문제다. 설령 그러한 도구에 의해서 문제를 확인하고 처방을 찾았다고 해도, 최종적인 해결은 교사에 의해서 이루어질 수밖에 없다. 이 문제를 해결하기 위해서는 교사 자신이 아이와의 대화를 통해서 아이가 어떤 언어세계에서 살아가고 있으며, 어떤 인지체계를 내면화하고 있는지 확인하고, 자신의 말을 어떤 의미로 받아들이는지를 고려하여 교과 내용을 학습할 수 있도록 안내해야 한다. 예를 들면 다음과 같은 경우다.

> 수업시간의 내용을 통해 조합을 해야 하는데, 창연이는 수업 내용이 구조화되어서 머리에 들어가지 않는 것 같아요. 수학의 경우, 덧셈, 뺄셈을 배울 때도 1+1=2라는 것은 이해를 해요. 수적으로 계산은 가능한데, '빵 하나가 있었는데 빵 하나를 더 왔어 어떤 계산법을 사용하면 될까?'라는 문제를 이해하지 못하는 아이들이 있어요. 그 수업시간에 이해는 하지만 문장으로 나오는 문제에 대해 어떤 사칙연산을 사용해서 문제를 풀어야 되는지를 모르는 거에요. (오순지 교사, 대전 안윤초등학교)

위의 예를 살펴보면, 창연이는 이른바 수학의 기본적인 원리나 방법은 알고 있지만 그것을 문제 사태에 적용하여 문제를 해결하지는 못하고 있다. 그렇다면 교사는 창연이에게서 왜 이런 일이 발생하는지, 어느 면에서 이해가 불충분한지 등을 파악하고 해결 방안을 직접 모색해야 한다. 그리고 이러한 모색이 가능하려면 교사 자신이 아이의 인지체계를 파악하고 대응 방안을 모색할 수 있는 능력을 갖추고 있어야 한다. 명실상부한 교육의 전문가가 되어야 한다.

그럼에도 불구하고 현재 우리나라 학교의 교사들은 그러한 역량을 갖추도록 길러지지 않았다. 교과서에 제시된 내용을 계획에 따라서 지정된 시간 동안 아이들에게 일방적으로 전달하는 데 익숙하도록 길러져왔다. 그 점은 일부 학교에서 교사들 대신하여 학습부진 학생을 지도하는 대학생 멘토나 외부 강사도 다르지 않다. 이런 이유에서 그동안 학습부진 학생의 지도가 실효를 거두지 못했다고도 말할 수 있다. 이런 문제를 해결하기 위해서는 교사가 아이를 이해하고, 아이의 특성에 적합한 방법과 절차에 따라서 아이를 지도할 수 있는 역량을 기를 수 있게 해야 한다.

이와 관련해서 교사 양성 기관과 연수 기관의 교육과정 내용을 보완할 필요가 있다. 현재 교대와 사대의 교사 양성기관과 각종 교사 연수 기관에서는 학습부진 학생뿐만 아니라 개별 학생에 대한 적절한 이해 방법과 대처 방법 등에 대하여 가르치지 않고 있다. 대체로 일반적인 학생들을 대상으로 하는 효율적인 교수법을 가르치는 데에 치중하고 있다. 따라서 교대와 사대의 교육과정에서 학생과 학생의 학습부진을 종합적으로 파악하고 대처할 수 있는 능력을 길러줄 필요가 있다. 교사 연수 기관에서도 그와 같은 능력을 형성하도록 교육과정 내용을 보완할 필요가 있다.

3) 학교 체제의 전환

앞에서 거듭 확인한 것처럼 학교에서 학습부진 학생이 발생하고, 학습부진 학생을 구제하기 위한 활동이 유명무실하게 이루어지는 것은 학생보다 학교를 우선시하고, 학생의 학습보다 학교의 성과와 실적을 중요시하는 우리나라의 학교체제와도 관련이 있다. 특히 학생의 수준과 관심이 다양함에도 불구하고 하나의 계획에 따라서 동일한 속도로 모든 학생이 동일한 내용을 동시에 학습하도록 하는 교육과정 운영 방식과 관련이 있다. 또한 모든 학생이 수업일수나 수업시수만 이수하면 진급하는 체제와도 관련이 있다. 모든 학생이 동일한 내용을 동일한 속도로 학습하고 진급하도록 하는 것은, 학습부진을 누적하고 악화함으로써 아이를 영원히 학습부진 학생으로 머무르게 만드는 일이다. 아이를 무력한 존재로 만드는 일이다.

이런 문제를 해결하기 위해서는 교육과정을 학생의 학습 수준이나 속도에 따라서 유연하게 운영할 수 있는 교육과정 체제를 모색할 필요가 있다. 또한 학교에서 교사들이 학습부진 학생을 지도하거나 일상의 수업을 진행하는 데 있어서 다른 일로 방해받지 않도록 할 필요가 있다. 교사가 수업 외의 다른 업무를 수행하느라고 학생의 수업 준비를 소홀히 하거나, 수업 자체를 소홀히 하지 않도록 할 필요가 있다. 그 일을 하기 위해서 무엇보다도 학교의 업무를 줄일 필요가 있다. 특히 학교의 특색 사업이나 시범연구 등을 추진하느라고 기본적인 일상의 수업을 소홀히 하거나, 수업 준비에 필요한 시간을 할애하는 일이 없도록 할 필요가 있다. 요컨대, 학습부진 학생을 구제하기 위한 별도의 사업을 추진하기 이전에, 일상의 수업에서 학습부진이 발생하지 않도록 할 필요가 있다. 병 주고 약 주는 것보다, 처음부터 병을 주지 않는 것이 근본적이고 경제적인 처방이다.

이와 관련해서, 교사의 수업 및 수업 준비를 위한 절대 시간을 제도적으로 확보할 필요가 있다. 앞서 확인한 것처럼 교사들이 학생을 지도하는 데 있어서 겪는 큰 어려움들 가운데 하나는 학생을 지도할 절대적인 시간이 부족하다는 것이다. 따라서 법제화 등을 통해서 교사가 학교에 근무하는 동안 수업과 수업의 준비를 위해서 할애하는 시간을 절대적으로 확보하고, 학교가 부수적으로 시행하는 각종 사업이나 행사를 치르느라고 수업과 수업준비를 소홀히 하지 않도록 보호할 필요가 있다. 또한 학교가 학교의 물리적인 여건을 초과하여 사업이나 행사를 과도하게 치르지 않도록 제도적으로 금지할 필요가 있다. 그리고 가시적인 성과나 실적을 중심으로 학교를 평가하는 일을 중지하고, 그 대신 학교가 얼마나 학생들의 실질적인 학습을 위해서 노력하는지를 중심으로 평가할 필요가 있다.

간단히 말하면, 학교가 실질적으로 학생을 위한, 학생의 학습을 위한 장소로 전환되도록 할 필요가 있다. 이런 노력은 기울이지 않으면서 교사로 하여금 학습부진 학생을 이해하고, 교사의 역량을 전환하도록 요구하는 것은 연못에 선인장을 심는 것과 마찬가지다.

4) 가정의 회복

학습부진 학생들 가운데 상당수는 심리적으로 또는 인지적으로 아무런 장애를 가지고 있지 않음에도 불구하고 학습이 부진한 경우가 많다. 특히 무지향형의 학습부진 학생들은 가정의 관심이나 지원이 부족함으로써 학습부진이 누적되고 삶의 의욕을 잃고 살아가는 경우가 많다. 그들 가정의 열악함은 우리가 상상하는 것 이상이다. 부산의 저소득층 거주 지역에 위치한 어느 중학교의 예를 들면 다음과 같다.

> 이 동네 아이들의 학습 부진이라는 것은 가정이 깨지니까, 가정 교육이 없으니까 성적이 안나오는 것 같아요. 그렇다고 해서 아이들이 나쁜 것은 아니고 아주 착해요. 순수하고 착한데 성적 부분에 들어가면 학습 의욕이 떨어지고 '난 해도 안돼요'라고 하면서 무기력하죠. 자신감도 없고. …
>
> 제가 작년에 이 아파트에 가정 방문을 가 보니까 아파트 평수가 전부 8평이예요. 어떤 집은요 안에 화장실이 없대요. 공동 화장실을 쓴대요. 정말 비참합니다. 말이 그냥 아파트지, 들어가 보면 8평 그 조그만 공간에 방 있어야지, 부엌 있어야지. 비참하죠. 그러니까 엄마도 (집을) 나가버리고 없는 애들도 많고. …
>
> 작년에는 우리 반에 빈혈 걸린 남학생이 4명이나 됐어요. 남학생이 빈혈이 왜 오겠습니까? 지금 우리 반에도 빈혈 걸린 아이들

이 있어서 막 어지럽고 토할 것 같다고 하면 보건실에 가서 빈혈약을 먹기도 해요. …

자연이 같은 경우도 작년에 점심을 한번도 먹은 적이 없대요. 왜 점심을 안 먹느냐고 물었더니, 평소에 집에서 밥을 잘 안 먹으니까 그렇대요. 안 먹는 게 습관이 되어서. 2학년 올라와서는 제가 아이를 찾아다니며 잡아 놓고 밥을 먹였거든요. 밥을 정말 새알만큼 먹어요. 아버지와 둘이 사니까 고기라는 것 국물이라는 걸, 심지어 어떤 애들은 국을 한 번도 먹어 본 적이 없대요. 점심에 고기 반찬이 나오면 아이들이 전부 복통을 일으켜요. 안 먹은 상태에서 기름진 걸 먹어가지고.…

운동장에서 뛰어노는 아이들 수가 아주 적어요. 보통 점심시간에 밥 먹고 나면 아이들이 막 뛰어 논다고 운동장이 꽉 차잖아요. 그런데, 이 아이들은 안 뛰어요. 힘이 없으니까. 아침에도 1/3쯤은 막 엎드려 있어요. 왜 그러냐고 물으면 힘이 없대요, 밥을 안 먹어서. 부모님들이 돈 벌러 아침 일찍 나가면서 아이 머리맡에 5,000원, 10,000원 놔 놓고 가면 그거 가지고 매점에 가서 탄산음료, 빵 이런 것만 사먹으니 머리가 잘 돌아가겠습니까? 영양 상태의 불균형이 굉장히 심해요. 영양이 안 좋지, 그러니까 성장도 안 되지, 그러니까 공부는 더 안 되죠. … (오수미 교사, 부산 동만중학교)

우리나라 학교 가운데 위와 같이 가정 형편이 어려운 학생들이 재학하는 학생들이 상당히 많다. 그들은 대부분 대도시의 변두리 지역이나 농어촌 지역에 위치한 학교에 재학하고 있다. 이들의 부모들은 하루하루 생계를 걱정하면서 힘겹게 살아가느라고 아이들을 전혀 돌보지 못한다. 그럼에도 불구하고 학교는 이런 아이들을 배려하지 않은 채 계획한 진도를 나가고 가시적인 성과를 내놓기에 바쁘다. 그 과정에서 학생들은 학교에서의 학습부진뿐만 아니라 인생의 부진에 빠지게 된다. 그것은 아이들이 선택하거나 자초한 것이 아니다. 그가 살아가고 있는 환경이 그렇게 만든 것이다. 그의 가정과 학교, 그리고 우리 사회가 그렇게 만든 것이다.

이들에게는 별도의 관심과 지원이 필요하다. 이들에 대해서는, 신체적으로 또는 인지적으로 장애를 가진 학생과 마찬가지로, 별도의 조치를 취할 필요가 있다. 그리고 그 조치는 교수 활동에만 한정되어서는 안 된다. 그들이 물리적으로나 심리적으로나 일상의 삶을 안정적으로 살아갈 수 있도록 하는 일이 먼저 필요하다. 그러기 위해서는 그들의 가정을 대신해 줄 수 있는 기관과 사람을 마련하여 운영할 필요가 있다. 이런 학생들을 위한 기숙사 또는 그룹홈을 운영하는 것도 그 방안 가운데 하나다.

이와 함께 그들의 이웃을 포함하여 우리 사회 전체가 그들을 위한 가정이 되는 것이 필요하다. 아이는 혼자 자라는 것도 아니고, 가정에서만 기르는 것도 아니다. '한 아이를 기르는 것은 온 마을 사람'이라는 아프리카의 속담처럼, 아이는 우리 사회가 함께 키워 나간다. 우리 학교에 자연이와 같은 아이들이 많아진다는 것은 그만큼 우리 사회가 병들어 있다는 것을 뜻한다. 결국, 자연이의 문제는 우리 사회 전체의 문제이고, 자연이의 문제를 해결하는 것은 우리 사회의 문제를 해결하는 것이다. 우리 모두가 나와 나의 앞만을 바라보며 살아가기보다는, 이웃과 주변을 살펴보면서 함께 살아갈 때 그들뿐만 아니라 우리 모두가 건강하고 조화롭게 살아갈 수 있을 것이다.

제6장

그들의 대안 학교

CHAPTER 6

그들의 대안 학교[1)]

1. 첫인상

제민고등학교[2)]는 1999년 3월에 개교한 대안 고등학교이다. 이 학교의 1학년 현재 정원은 남녀 각 19명씩 38명이다. 학생들은 학교에서 기숙사 생활을 한다. 공식적으로 이들은 모두 중학교에서 학업 성적이 중하위권이었거나, 일반 고등학교에 적응하지 못한 학생들이다. 제민고등학교에서는 이러한 학생들만을 의도적으로 선발하여 가르치고 있다. 그러나 이 학교는 스스로 "가르치지 않는 학교"임을 내세운다. 여기서 "가르치지 않는다"는 것은 말로만 전달하는 일을 하지 않는다, 즉 실천을 강조한다는 것을 뜻한다. 또 이 학교의 교훈이 "배워서 남주자"이라는 데서도 알 수 있듯이, 제민고등학교는 학생들에게 사회에의 봉사를 강조한다. 제민고등학교의 이러한 면 때문에 제민고등학교는 개교하기 전부터 세간의 주목을 받았으며, 지금도 그 점은 마찬가지이다.

우리 일행 네 명[3)]이 제민고등학교에 도착한 것은 1999년 7월

---

1) 이 글은 "그들의 대안 학교"(한국교육인류학회 제46차 월례발표회, 1999년 9월 4일)를 일부 수정한 것이다.

2) 가명이다. 이하에 등장하는 인물들의 이름 역시 가명이다.

3) 네 명이란 당시 서울대학교 대학원 교육학과에서 함께 교육인류학을 공부하고 있던 서근원, 박민정, 차성현, 진상우를 가리킨다. 당시 나는 박사과정에, 나머지 세 명은 석사과정에 재학하고 있었다. 나는 그들에게 다양한 현장에서 다양한 방식으로 교육인류학의 연구를 시도할 것을 제안하고, 그 일환으로서 제민

12일 오전 10시 50분경이었다. 제민고등학교는 전라북도 산간 지역의 호남고속도로로 진입하는 왕복 2차선 도로변 오른쪽 나즈막한 언덕 위에 남쪽을 바라보며 자리잡고 있다. 학교 앞 주차장에 차를 세우고, 내려서니 학생들의 웃음소리가 잘 알아들을 수 없는 큰 목소리와 함께 들려왔다. 나는 그 소리를 들으면서 같이 간 동료들에게 "저 애들 노는 게 초등학생 같지 않니?"라고 말하였다.

밖에서 보았을 때 학교 입구의 오른편에는 키가 3미터는 족히 되어 보이는 자연석에 세로로 "제민고등학교"라고 새겨져있다. 왼편에는 어른 세 명이 팔을 둘러도 안 닿을 정도로 굵은 느티나무가 초록을 자랑하며 서서 시원한 그늘을 크게 만들고 있다. 느티나무 그늘 한 쪽에서는 50대로 보이는 서양인 남자 한 사람이 현대식 정자를 거의 마무리하고 있다. 그 곁에는 40대 정도의 한국인 여자가 일을 거들고 있다. 바로 그 곁에서는 교사 한 명이 지켜보는 가운데 여학생 3명, 남학생 4명이 일렬횡대로 서서 히히덕거리며 일어섰다 앉기를 돌아가면서 하고 있었다. 나는 학생들이 체육 수업의 일환으로 게임을 하고 있다고 생각했다.

우리가 학교 안에 들어서자 교사 한 사람이 운동장을 가로질러 우리에게 다가와서 맞았다. 손장수 선생님이었다. 손 교사는 우리를 교사 숙소로 안내하였다. 손 교사는 우리에게 잠시 쉬면서 학교를 둘러보고 12시에 점심 식사를 하라고 말하고 떠났다. 우리는 짐을 풀고 학교 건물을 둘러보기로 하였다.

우리가 짐을 풀고 나왔을 때도 학생들은 장소를 학교 입구 쪽으

고등학교를 공동으로 연구하게 되었다. 우리는 이 연구를 통해서 하나의 연구 현장을 여러 연구자가 동시에 서로 다른 시각으로 연구함으로써 연구자에 따라서 현장이 다르게 이해될 수 있음을 구체적으로 보이고자 했다.

로 약간 옮긴 채 같은 동작을 계속하고 있다. 가까이 가서 보니 학생들 앞으로 2 미터쯤 떨어진 곳에서 한 남자 교사가 한 손에 길이가 1 미터쯤 되어 보이는 목검을 손에 들고 그 모습을 지켜보고 있었다. 7명의 학생들은 한 사람씩 돌아가며 큰 소리로 "생활", "습관을", "완전히", "바꾸자", "쉬하나", "생활", "습관을", "완전히", "바꾸자", "쉬둘"하며 앉았다 일어서기를 반복하였다. 학생들은 벌을 받고 있는 것이었다. 그렇게 하다가 한 학생이 "바꾸자"라고 하지 않고 "고치자"라고 하자 학생들은 또 한바탕 웃음을 터트리고, 교사도 어이없다는 듯 함께 웃었다. 그 모습이 영낙없는 노는 모습이었다.

잠시 후 교사는 그 학생을 지적하여 앞으로 나오게 한 후 "너 푸시업할래 맞을래?"라고 물었다. 그러자 그 학생은 "저 맞을래요. 한 대 맞고 말래요"라고 대답하였다. 교사는 그 말에 "여기 사람들이 많은데 어떻게 때려, 가서 엎드려-"라며 부탁조로 말하였다. 그래도 그 학생은 교사 옆에 있는 사자상의 받침대에 두 손을 짚고 엎드려서 "살살 때리면 되잖아요. 때려요"하면서 자신의 엉덩이를 때리라고 재촉하였다. 다른 학생들은 한 쪽 다리로 비스듬히 서서 재미있다는 듯이 저희들끼리 이야기를 주고받으며 그 모습을 바라보고 있다. 학생 중에 여학생 한 명은 슬리퍼를 신고 있고, 두 명의 남학생은 운동화 뒤축을 꺾어서 신고 있다.

교사는 그 학생과 잠시 때리라거니 벌받으라거니 승강이를 하다가 마지못해 목검으로 엉덩이를 때리는 척하고는 그 학생을 돌려보냈다. 교사는 학생들에게 "자 스물부터 다시 한다"라고 말하였다. 학생들은 군소리 없이 큰 소리로 "생활", "습관을", "완전히", "바꾸자", "스물"하면서 앉았다 일어섰다. 그러고 있는 사이 이 학교의 윤도연 교장이 나와서 정자를 만들고 있는 사람들과 몇 마디 이야기를 나누고, 우리와는 간단히 인사를 한 후 돌아갔다. 교장은 학생들이 벌 받는 모습은 안중에도 없는 듯 했다.

학교를 한 바퀴 다 둘러보고 나니 11시 50분쯤 되었다. 학교 입구 쪽을 바라보니 벌을 받던 학생들은 보이지 않고, 학생들에게 벌을 주던 교사와 정자를 짓고 있던 사람들만 보였다. 일하는 사람들에게 다가가 도울 일이 없느냐고 물었다. 도움은 필요없다고 대답한다. 옆에 서 있던 교사는, 교사(校舍)로부터 떨어진 채 따로 서 있는 재래식 화장실 쪽을 가리키며 이렇게 말했다.

> 흡연실을 마련해줘도 그 뒤에서 담배를 피우고 있는 저 애들을 보세요. 제민고등학교에 대해서 알려면 선생님들과 이야기를 나누기보다 흡연실 뒤에서 담배를 피우고 있는 아이들을 만나보는 것이 더 정확할 것입니다.(이종찬 교사)

나는 그 말을 듣고 학생들이 있는 곳으로 갔다. 내가 가는 것을 보았는지 학생들은 얼른 화장실 옆으로 나와 나란히 앉았다. 거기에는 남학생이 네 명 있었다. 나는 그 학생들에게 다가가 화장실을 가리키며 이곳이 무엇하는 곳이냐고 물었다. 학생들은 흡연실이라고 대답했다. 내가 왜 흡연실에서 담배를 안 피우고 나와서 피우느냐고 묻자, 학생들은 그곳은 냄새가 나서 그 안에서는 담배를 안 피운다고 대답한다. 나는 그 안으로 들어가 보았다. 그곳은 과거 재래식 화장실 모습 그대로였다. 한쪽에는 소변기가 나란히 서 있고, 맞은편 쪽으로는 변기실이 있다. 변기실 네 개 가운데 하나를 제외하고는 모두 못으로 문이 봉해져있다. 나머지 한 변기실 바닥에는 여기저기 대변이 말라붙어 있다.

화장실에서 나와 학생들이 있는 곳으로 가 그들 옆에 앉아서, 왜 벌을 받느냐고 물었다. 한 학생은 수박 껍질을 창문 밖으로 던져서 벌을 받는다고 대답하고, 다른 한 학생은 담배를 수술하다가 발각되어서 벌을 받는다고 대답한다. 나는 담배를 수술하는 것이 어떻게 하는 것이냐고 물었다. 그 학생은 부러진 담배를 다시 잇는 것이라고 대답하였다. 학생들은 우리와 몇 마디 주고받다가 자리가 거북한지 하나 둘씩 자리를 떠났다. 시계를 보니 12시였다. 우리는 학생들의 뒤를 따라 식당으로 향하였다.

점심시간은 12시부터지만 12시 30분이 다 되도록 배식은 시작되지 않았다. 그동안 학생들 20명 정도는 여기저기 의자에 모여 앉아서 식당 한 쪽에 설치된 40인치쯤 되는 텔레비전을 보면서 서로 이야기를 나누고 있다. 또 일부 학생들은 식당과 연접해 있는 도서실에 들어가서 소파에 비스듬히 눕거나 앉아서 책을 보기도 하고, 탁자 위에 드러누워 있기도 한다.

심성진이라는 남학생은 도서실 장판 위에 드러누워서 생후 1개월가량 된 고양이를 안고 얼르기도 하면서 장난을 치고 있다. 내가 가까이 다가가자 그 아이에게서 담배 냄새가 물씬 풍겨났다. 그 고양이의 이름은 '소니'라고 한다. 소니는 우리나라가 일제로부터 해방된 후 김두환 등과 함께 서울의 주먹계를 풍미했던 인물 가운데 하나인 '시라소니'에게서 따왔다고 한다. 성진이는 자신의 고양이 소니가 커서 깡패가 되라고 소니라는 이름을 붙여주었다고 한다. 성진이는 잘 때도 소니를 데리고 자며, 소니는 1반 남학생들 모두에게 귀여움을 받는다고 한다. 옆에 있던 한 남학생은 소니가

지난밤에 자신의 이부자리에 오줌을 쌌다면서 투덜거렸다. 그 뒤로 나는 성진이를 '쏘니 아빠'라고 불렀으며, 그 때마다 성진이는 싫지 않은지 "나보고 쏘니 아빠래"하면서 헤헤거리고 웃었다.

학생들은 대체로 유순해 보였다. 학생들 중에 우리에게 적대감을 보이는 학생은 없어보였다. 우리를 지나칠 때면 머뭇거리면서 먼저 살짝 고개를 숙여 인사를 하는 학생도 적지 않았다. 또 우리가 먼저 "안녕"하고 인사를 하면 대부분 고개를 가볍게 숙이거나 "안녕하세요"라며 인사를 했다. 또 학생들은 우리가 묻는 질문에 별 거리낌 없이 대답을 하였다. 그렇다고 해서 학생들이 우리에게 적극적인 관심을 보이지는 않았다. 학생들은 낯선 사람이 자꾸 자신들 근처에 와서 이것저것 묻는 것이 불편한지 몇 마디 이야기를 나누다가 자리를 뜨곤 했다.

그러는 동안 시간이 흘러 12시 30분쯤에 점심 배식이 시작되었다. 학생들은 서두르거나 서로 먼저 먹으려고 밀치는 일도 없이 느긋하게 줄을 서서 식판에 밥을 가져다가 먹었다. 식당에는 우리 말고도 15명가량의 손님이 또 있었다. 학생들은 대체로 밥을 남기지 않고 잘 먹는 편이었다. 식사를 다 마친 뒤에 우리는 식당에서 윤 교장과 다시 인사를 나누고, 1시부터 미술실에서 협의가 있으니 참석해달라는 부탁을 받았다. 시계를 보니 1시 7분이었다.

2. 제민고등학교의 이상과 현실

1) 제민고등학교의 이상

우리는 서둘러 미술실에 찾아갔다. 미술실에는 아직 아무도 와 있지 않았다. 미술실 출입문쪽 벽 바로 앞에는 커다란 이동식 흰색 칠판이 서 있다. 거기에는 주황색 유성펜으로 다음과 같은 글이 칠판을 가득 채운 채 쓰여 있다.

> 공부가 그렇게 쉬운 것이라면 누구나 서울대 가고 하버드대 가게 가게! 쉽지 않으니까 노력하고, 인내하자는 거지, 거지? 누구나 다 하는 거면 의미도 없잖아. 다른 사람이 못하는 거 해내야 그게 장한 일이고 대단한 거지. 그러나 분명한 것은 확고한 의지, 할 수 있다는 신념, 꿈을 이루기 위한 끊임없는 노력 - 이 3박자만 맞으면 다 할 수 있다는 거야! 그런데 더 엄청난 것은 우리는 하나님의 자녀라는 거야. 하나님 아빠께 지혜를 달라 그러면 주신다는 거야. 엄청나게 똑똑해지고 싶니? 그러면 기도해. 그리고 말씀 묵상하고 공부해. 그럼 천하를 얻는 지혜를 주셔. 우리 아빠가 너에게 지혜를 주셔.(고연수 교사)

칠판의 오른쪽 아래 구석에는 한 여자 아이가 책상 위에 두 팔을 괴고 기도를 하는 모습이 약화로 그려져 있고, 그 여자 아이를 가리키는 화살표 끝에는 작은 글씨로 "노연시"라는 이름이 적혀있다. 위의 글은 이 학교 국어 교사인 고연수 교사가 썼다고 한다.

칠판의 글을 다 옮겨 적고 이야기를 나누는 사이 윤 교장과 식당에서 보았던 손님들이 들어왔다. 한국교원대 국어교육과 대학원생과 지도교수라고 했다 우리는 그들에게 간단히 인사를 나누었다. 윤 교장은 오전에 이들과 이 자리에서 이야기를 나누었던 것 같다. 윤 교장은 자신이 이 학교에서 시행하고 있는 교육 방침에 대해서 그들에게 설명하였다. 그것은 서울대학교 교육학과 금요세미나에서도 한 이야기였다.[4)]

---

4) 윤도연 교장은 1999년 봄에 서울대학교 교육학과의 금요 세미나에 참석하여

(1) 전인 교육

윤도연 교장의 말에 따르면 제민고등학교는 5차원 전면교육을 추구한다. 5차원 전면교육은 윤도연 교장이 창안한 것이다. 그에 따르면 우리가 세상을 살아가는 데는 목표의식이 뚜렷해야 하고, 그 목표를 실현하려면 그에 따르는 조건들을 갖추어야 한다. 그 조건에는 지력, 심력, 체력, 자기 관리 능력, 인간관계 등의 다섯 가지가 있다. 이 다섯 가지를 고루 가르치는 것이 5차원 전면교육이다. 우리가 목표를 갖고 그 실행 방안을 모색하기 위해서는 많은 독서를 해야 하고, 독서를 한 것보다 더 많은 시간 동안 생각을 해야 한다. 그리고 자신의 계획을 실행하기 위해서는 건강이 필수적이며, 이러한 자신을 관리할 수 있는 능력을 길러야 한다. 또한 무슨 일인가를 추진하기 위해서는 그 일을 함께 할 수 있는 동역자가 있어야 하므로 인간관계를 원만하게 할 수 있는 능력이 또한 요구된다.

윤 교장은 학생들에게 먼저 분명한 목표 의식을 심어주고, 그 목표를 달성하는 데 요구되는 이상의 다섯 가지 능력을 길러주기 위해서 자신이 개발한 프로그램을 이 학교에 적용하고 있다. 윤 교장은 학생들의 체력을 길러주기 위해 매일 아침 7시에 전 학생들을 기상하게 하여 1Km 정도 되는 거리를 구보하게 하고 검도를 가르치며, 심력을 길러주기 위해 매일 아침 수업 전에 조별로 3분 묵상을 하게 하며, 지력을 길러주기 위해 교과목 지도와 함께 독서

자신의 5차원 전면 교육 이론과 세인고등학교에 관하여 교수 및 대학원생들에게 소개했다. 나는 이 자리에서 윤도연 교장에게 제민고등학교의 방문을 요청하여 허락받았다.

를 권장한다. 또 각종 공동 활동을 통하여 공동체 의식을 가르치고 인간관계를 원만하게 한다. 특히 윤 교장은 지식의 중요성을 강조하면서 인성 교육 중심으로 흐르는 대안 학교들을 다음과 같이 비판한다.

> 나는 인성을 강화하는 것은 동의하지만 지식 교육에 대한 반발로 인성 교육만 강조해서는 안된다고 생각합니다. 농장학습 등을 통해서 인성이 좋아지면 뭐합니까? 타잔처럼 숲 속에서 혼자 살게 할겁니까? 그 아이가 살 곳은 밀림이 아니라 사람들이 모여 사는 사회입니다. 그렇게 해서 사람은 좋아질지 모르지만 실력이 없습니다. 그런 사람은 이 사회에서 사기 당하기 딱 좋습니다. 여기서는 인성도 강조하지만 지식을 더 강조합니다. 나는 공교육이 나쁘지 않다고 봅니다. 우리의 공교육에는 좋은 것이 많이 있습니다. 다만 제대로 가르쳐지지 않을 뿐입니다. 공교육의 좋은 점을 버려서는 안됩니다. 나는 공교육을 부정하려는 것이 아니라 도와주려고 합니다. 나는 공교육에서 제대로 가르치지 못하고 있는 인성과 실력을 학생들에게 모두 갖추어주려고 합니다. 그것이 전인교육입니다.(윤도연 교장)

요컨대 윤 교장은 지식을 가르치지 않는 대안 교육은 무의미하다고 보고, 지식 교육의 중요성을 강조하고 있는 것이다. 그래서 윤 교장은 DY학습법이라는 독특한 프로그램을 개발하여 이 학교의 수업에 적용하고 있다. 그것은 각 교과를 단계별로 세분하여 문제집 형태로 제작한 것으로서, 교사들은 수업 시간에 이 자료를 이용하여 수업을 한다. 아마도 제민고등학교가 일반 고등학교와 가장 두드러지게 다른 점은, 기숙학교라거나 중하위권 학생들만 모아놓은 학교라는 데 있는 것이 아니라, 바로 이 DY학습 프로그램을 적용하여 학생들에게 교과를 가르치는 데 있다고 볼 수 있다.

(2) 꼴찌를 위한 교육

윤 교장이 또 하나 강조하는 것은 기존의 학교가 제대로 가르치지 못하는 학생들에 대한 배려이다. 윤 교장은 오늘날 우리나라의 학교에서는 소수의 상위권 학생들을 제외한 나머지 학생들에게는 학교로서의 역할을 제대로 하지 못하고 있다고 보고, 그런 학생들을 위해서 학교가 할 수 있는 방안을 모색해야 한다고 강조한다. 그래서 윤 교장은 중학교에서 중하위권이거나 기존의 학교체제에 적응하지 못한 학생들만을 일부러 선발하여 가르치고 있다. 윤 교장은 기존의 학교에서 중하위권이었거나 부적응 학생들을 대상으로 5차원 전면 교육, 특히 DY학습 프로그램을 적용함으로써 그들이 학교생활에 자신감을 가지게 되고 학업 성적도 우수해져서 장차 대학에도 진학하여, 성인이 되어서 높은 사회적 지위를 차지할 수 있기를 기대하는 것이다. 윤도연 교장은 이러한 기대를 다음과 같은 말로 표현한다.

> 우리 아이들은 모두 대학에 가고싶어 합니다. 다만 실력이 안 된다는 것을 아니까 아픈 마음을 안고 포기하는 것입니다. 그냥 포기하는 것이 아닙니다. 나는 대학에 갈 수 있는 사람은 가야한다고 봅니다. 가지말라고 가르쳐서는 안된다고 봅니다.(윤도연 교장)

(3) 일반화

제민고등학교가 궁극적으로 추구하는 것은, 제민고등학교의 성공 사례를 근거로 5차원 전면교육 프로그램을 전국의 학교에 일반화하고, 더 나아가 모든 가정에까지 보급하는 것이다. 윤도연 교장은 그 일을 하기 위해서 2000 여명의 일반 고등학교 학생의 학업 성적과 5차원 전면학습 프로그램에 따라 학습한 제민고등학교 학생의 학업 성적을 비교하는 검사를 이미 실시하고 있으며, 인근 학교에서도 이미 5차원 전면교육 프로그램을 적용하여 학생을 가르치고 있거나 계획에 있음을 강조하였다.

제민고등학교의 수업 시간을 일반 고등학교와 같이 50분 단위로 편성하는 것도 일반 학교와 조건을 같게 하여 비교의 타당성을 높이기 위한 것이다. 특히 윤도연 교장은 5차원 전면교육 프로그램의 유효성을 더욱 극적으로 검증하기 위하여 일부러 전국 각지의 중학교에서 중하위권이었거나 일반적인 인문계 고등학교에서 적응하지 못한 학생들을 선발하였다. 그리고 윤도연 교장은 우리에게도 현재 이 아이들이 얼마나 학습이 부진하고 생활이 엉망인지를 객관적으로 기술해주기를 부탁하였다. 그는 그렇게 함으로써 장차 이 아이들의 학업 성적이나 삶의 자세 등이 충분히 개선되었을 때, 이 아이들이 처음부터 바람직한 학생들이지 않았느냐는 의혹을 불식시킬 수 있다고 말했다.

윤도연 교장의 이러한 바램은 학생들의 바램, 그리고 부모들의 바램이기도 하다. 이곳 학생들은 2천대 1의 경쟁을 거쳐서 이 학교에 입학하였다. 그들 가운데는 부모의 권유로 입학한 학생들도 있지만 스스로 선택하여 입학한 학생들도 상당수이다. 많은 학생들이 그 많은 경쟁자들을 물리치고 이 학교에 입학한 것을 자랑스러워 했으며, 자신이 선택하여 입학한 학생들은 자부심이 더 컸다. 그들이 권유로 입학했건 또는 스스로 선택하여 입학했건, 그들이 그 많은 경쟁자들을 물리치고 제민고등학교에 입학했다는 것은 그만큼 그들이 제민고등학교의 교육 방침에 동의하고 있다는 것을 뜻한다고 볼 수 있다. 즉, 제민고등학교의 이상은 윤도연 교장이나 교사들만의 이상이 아니라 학생과 학부모들의 이상이기도 하다.

2) 제민고등학교의 현실

그런데 윤도연 교장이 스스로 밝히고 있는 바와 같이 제민고등학교의 현실은 교사나 학생, 그리고 학부모들이 기대하는 것과는 크게 다르다. 윤도연 교장은 학교 운영의 어려움을 다음과 같이 토로한다.

> 실험학교는 교육의 개혁일 수도 있고 장애물일 수도 있습니다. 자칫하면 대안학교가 오히려 개혁의 근본적인 동인을 깨뜨릴 수 있습니다. 오히려 더 망하는 길을 택할 수도 있습니다. 이거는 좋은 게 좋은 거가 아닙니다. 자전거 페달을 계속 밟지 않으면 넘어지듯이 멈출 수가 없습니다. 나는 완전히 줄을 잘못 섰습니다. 길을 잘못 들어섰습니다. 재료공학자인 내가 왜 여기서 이런 일을 하는지 모르겠습니다. 이게 왜 내 일입니까. 교육학을 공부하는 여러분들 일입니다. 괜히 내가 여기에 끼어들었습니다. 나는, 내가 하는 일이 거짓이면 빨리 망하는 게 낫다고 생각합니다. 잘못되었다면 한 사람이라도 덜 실패하게 해야 합니다. 내가 하는 일이 잘못되었다는 것이 분명히 드러나면 나는 일간지에 광고를 낼 것입니다. 미안하다고 사과하고 학교 문을 닫을 것입니다. 그러나 만일 내가 하는 일이 옳다고 생각하면 나는 틀림없이 이 일을 해 낼 것입니다. 그 일을 하는 데 여러분이 도와주어야 합니다.(윤도연 교장)

(1) 무율

윤도연 교장은 현재 몇 가지 큰 어려움에 처해있다. 재정이 부족한 것도 큰 문제이긴 하지만 그 보다 더 심각한 문제들이 제민고등학교에는 웅크리고 있다. 그 가운데 하나는 대다수의 학생들이 윤도연 교장이 기대하는 바대로 따라주지 않는다는 점이다. 그의 5차원 전면 교육에서 가장 중요한 것은 학생들이 자신을 스스로 관리하는 능력을 갖는 것이다. 자신을 관리할 수 있어야 그것을 바탕으로 학생들이 스스로 지력, 심력, 체력을 기르기 위해서 노력할 수 있다. 자기 관리 능력이 가장 일반적으로 드러나는 경우가 규칙적인 생활 습관이다. 그러나 이 곳 학생들에게는 그런 습관이 전혀 배어있지 않다. 학생들의 취침 시간과 기상 시간부터 불규칙하고 중구난방이어서 정상적인 학교 운영이 불가능할 정도이다. 이종찬 교사는 그 어려움을 다음과 같이 말한다.

> 가장 큰 문제가 생활 습관입니다. 생활 습관이 제대로 되지 않음으로써 그 나머지 문제도 해결되지 않습니다. 하루 중 아침 시작이 제일 중요한데 아침에 아이들이 못 일어납니다. 아이들이 개별적으로 자고 일어나니까 아침 운동을 같이 할 수가 없습니다. 아침에 일어나지 못하니까 운동을 못하고, 청소를 못하고, 일과가 엉망이 됩니다. 시험 기간에 시험 시작 시간이 되어도 안 일어나는 경우도 있습니다.(이종찬 교사)

학생들의 이러한 생활습관은 수업 시간에도 그대로 이어진다. 교사들의 말에 따르면 하루는 열 명의 학생이 하루 종일 수업에 참석하지 않고 보건소에 가서 비디오를 보거나 잠을 자고 온 적도 있다고 한다. 그 가운데 진찰을 받은 학생은 불과 세 명뿐이고, 나머지 학생은 덩달아 따라간 것이라고 했다. 나는 제민고등학교에 도착한

다음날 오전에 2반의 역사 수업 시간을 관찰하였다. 그 과정을 간단히 기술하면 다음과 같다.

교 사: (교실 문을 통해 교실 안으로 들어와 칠판 앞에 선다)
학생들: (삼삼오오 모여서 이야기를 나누거나 장난을 친다. 서너 명의 학생들은 소설책을 읽고 있다. 교사가 들어와도 본 척 만 척 한다.)
교 사: (학생들의 출석을 부른다)
학생들: 교사가 자신의 이름을 부를 때마다 건성으로 대답한다. 한 두 명만이 성의있게 대답한다.
교 사: (출석을 모두 확인한 후) 다 어디 갔어. 왜 열여덟 명인데 열두 명밖에 없어?
학생 1: 어디 한두 번 있는 일이예요?
교 사: (학생의 대답에는 대꾸도 하지 않는다) 지난 시간에 보았던 시험지를 꺼내.
학생들: (각자 자기 하던 일을 계속 한다. 시험지를 가지고 온 학생은 세 명 뿐이다)
학생 2: 선생님 시험도 끝났는데 수업하지 말아요.
교 사: 오늘은 시험 문제 풀고 간단한 설문지를 하고 수업을 마친다.
학생 3: 시험 본 문제를 뭐하려고 또 풀어요. 한 번 풀었는데.
교 사: (아무런 대꾸도 하지 않는다)
이방운: (뒤늦게 교실에 들어오며) 선생님 저 지각 아니에요. 교장 선생님하고 얘기하고 왔어요.
교 사: 왜 수업 시간에 얘기해?
이방운: 그럼 저보고 어떻게 하라는 거예요. 교장 선생님이 얘기하자는데. 선생님 저 지각 아니에요.

교 사: (이방운의 말에 아무런 대꾸도 하지 않고, 학생들에게 설명해가며 문제의 정답을 일러준다. 일반 고등학교에서 하는 시험문제 풀이와 크게 다르지 않다)

학생들: (교사의 질문에 대하여 한 두 명만 대답할 뿐 각자 책을 보거나 엎드려있거나 한다)

학생 5: (수업시작 때부터 계속 수정액을 책상 위에 떨어뜨리고는 일회용 라이터로 불을 붙인다. 책상에 불이 옮겨 붙을 것 같으면 불을 끄고, 다시 수정액을 떨어뜨린 후 불을 붙이기를 반복한다)

이방운: (내내 엎드려 있다가 교사가 신라시대의 정치제도를 설명하던 중에 '담로'라는 말을 하자 갑자기 생각났다는 듯이 질문한다) 선생님 담로가 뭐예요?

교 사: (담로에 대하여 열심히 설명한다)

이방운: (교사의 설명이 시작되자마자 다시 엎드린다)

교 사: (설명을 모두 마친 후 이방 운을 바라보며 나무라는 투로) 질문을 한 사람이 졸면 어떡해?

이방운: 설명을 너무 재미없게 해요.

교 사: (아무런 대꾸도 하지 않는다)

학생들: (한 두 학생을 제외한 대부분의 학생들은 이들의 대화에 전혀 관심이 없다)

위의 기록을 통해서 알 수 있듯이 대부분의 학생들은 수업 시간에 배워야겠다는 의욕을 전혀 보이지 않는다. 학생들은 학습에 필요한 준비물도 제대로 갖추지 않으며, 수업 중에도 소설책을 읽거나, 옆 친구와 이야기를 나누거나, 혼자서 손장난을 하거나, 엎드려서 잠을 잔다. 수업에 관심을 가지고 참여하는 학생은 두세 명뿐이다.

학생들의 이러한 무질서하고 불규칙적인 생활 습관은 곳곳에서 드러난다. 학생들에게 학교의 정규 생활 시간표는 무의미하다. 학생들은 아무 때나 자고 싶으면 자고, 먹고 싶으면 먹는다. 취침 시간이 11시부터이지만 학생들은 대부분 12시가 넘어서도 잠을 자지 않으며, 아침 7시 기상 시간이 되어도 일어나지 않는다. 수업 시간이 되었어도 공부하기 싫으면 수업에 들어가지 않고, 수업에 들어가서도 공부는 하지 않는다. 식사 시간마다 교사와 학생 사이에 "아무개는 왜 안 보이지? 밥 먹기 싫어서 안 먹는대요"라는 대화가 빠지지 않는다. 교실이건 숙소건 창틀에는 어느 것이 누구 것인지 알 수 없을 정도로 책과 공책, 옷가지 등이 어지럽게 쌓여있다.

(2) 불신

교사들은 이런 문제를 해결하기 위해서 학생들에게 엄격한 규칙을 적용하고, 그 규칙을 어겼을 경우에는 체벌 등의 방법으로 통제한다. 우리가 제민고등학교에 도착하자마자 보았던 벌받는 장면이 그 예이다. 그런데 학생들은 그 정도 벌은 장난이라고 말한다. 학생들은 심지어 삽자루로 맞기도 하였다고 말한다.

학교에서 학생들에게 규율을 엄하게 하고, 규율을 어겼을 경우에는 매로 때리고, 한낮에 뜨거운 햇볕 아래에서 두세 시간동안 운동장을 돌게 하거나 봉사활동 등을 하게 하는 것은 물론 학생들의 생활습관을 고쳐주기 위해서이다. 그러나 십 수 년 간 자기 방식대로 생활해온 학생들이 어느 날 갑자기 규칙적인 생활습관을 갖는 것은 무리인 까닭에, 시간이 지날수록 학생들이 벌을 받는 횟수는 점점 더 많아지고 강도도 세진다. 그리고 그런 일이 반복되는 가운데 학생들은 학교측의 처사에 대하여 불만을 가지게 된다. 학생들이 보기에 제민고등학교가 자율을 표방하면서 결국은 자신들을 통제하고, 체벌을 가한다는 점에서 다른 학교와 다른 바가 전혀 없는 것이다. 이런 상황에서 학생들은 또 다시 '몸으로 때우기'에 의해서 적응해가는 것이다. 이런 상황을 김강남 교사는 다음과 같이 말한다.

> 자율이라고 하면서 왜 우리가 하고 싶은 대로 하면 안됩니까? 그냥 때리세요. 한 대 맞고 끝나는 것이 낫지 그 지겨운 일을 왜 하느냐 그거예요.(김강남 교사)

그리고 이런 상황은 다시 교사와 학생 간의 불신, 그리고 학교에 대한 학부모의 불신으로 이어진다. 그 점을 윤도연 교장은 다음과 같이 말한다.

> 아이들의 신뢰를 얻는 것이 가장 어렵습니다. 선생님들도 애들을 못 믿습니다. 교사들은 '저 놈이 진짜가 아닐 가능성이 있다'고 생각하면서 애들을 대합니다. 우리도 이미 아이들에게 편견을 가지게 되었습니다. 그것을 억제하기가 참 힘듭니다. 학생들은 '너희들이 지금은 그렇게 하지만 언젠가 배반할 수 있다. 공평하게 대한다더니 결국 너희도 우리를 차별한다'고 생각합니다. 또 부모들은 '학교가 과연 해낼 수 있을까?'하고 의구심을 갖습니다. 불신의 골이 참 깊습니다. 교육이 이렇게 어려운 일인지 몰랐습니다.(윤도연 교장)

윤도연 교장의 말에 따르면, 학기 초에 일부 부모들은 자녀의 말만 듣고서 교사들이 자신의 자녀를 부당하게 대한다고 학교 측에 항의한 적도 있다. 그에 대해서 윤도연 교장은 학부모들을 모두 소집해놓고 아이들 말만 듣고 교사를 비난하지 말라고 야단쳤다. 윤 교장은 학부모들에게 "교사들을 못 믿으면 어떻게 하느냐. 요즘 같은 세상에 누가 월급 20만원 받고 일하느냐. 교사들의 사기를 꺾지 말아달라"고 이야기했다고 한다.

(3) 또 다시 하위권

그리고 또 하나 대두되는 문제는 제민고등학교 안에서 다시 상위권 학생과 하위권 학생의 구분이 나타나고 있다는 점이다.

> 이제 두 가지 부류의 학생이 나타나고 있습니다. 하나는 성실한 학생이고, 다른 하나는 말썽꾼들입니다. 성실한 학생은 이제 공부를 해야겠다고 생각하고, 꾸준히 잘 하지는 못하지만 학습반을 조직하여 밤 8시부터 10시까지 저희들끼리 공부를 하기도 합니다. 이들은 자신들이 공부하는 데 방해가 되므로 말썽꾼을 제거하기를 기대하고 있습니다. 말썽꾼들은 자신들이 언제 제거될지 몰라 불안해하고 있습니다. '저것들이 말로만 전인교육하고 어쩌고 하지만 언젠가는 표변할 수 있다'고 생각하고 있습니다. 교사들을 믿지 않습니다. 또 성실한 학생의 부모들은 말썽꾼들을 제거하기를 저에게 요구합니다. 그러나 저는 아직 기다리고 있습니다. 한 번 제거하면 두 번 세 번도 가능하기 때문입니다. 그렇게 되면 누구나 제거될 수 있고, 모두가 나도 언젠가는 제거될지 모른다는 불안감을 가지게 됩니다. 그렇게 될 경우에는 불신의 골이 더욱 깊어집니다. 그래서 저는 최대한 미루는 것입니다.(윤도연 교장)

즉, 여기에서도 적응학생과 부적응 학생이 구별되고 있는 것이다. 제민고등학교가 일반 고등학교의 중하위권 학생, 그리고 부적응 학생들을 선발하여 그들도 학교에서 주체적으로 살아갈 수 있다는 것을 입증하려고 했지만 여기에서도 그러한 구분이 되풀이되고 있는 것이다. 그리고 보다 심각한 문제는 그들 사이에, 그리고 그 학생들의 부모들 사이에 갈등이 벌어질 조짐이 있다는 것이다. 학생들의 말에 따르면 제민고등학교 학생들 사이에 눈에 드러나지는 않지만 따돌림이 조금씩 일어나고 있다고 한다.

학습에 관심을 보이는 일부 학생들의 부모는, 자기 자녀의 현재 수준은 망각한 채 성급하게 대학 진학을 위한 준비와 자기 자녀의 공부에 방해가 되는 학생을 제적할 것을 학교에 요구하고 있는 것이다. 그러나 윤도연 교장은 부모들의 이런 요구가 착각을 바탕으로 하고 있다는 것을 잘 알고 있으며, 설령 그것이 사실이라고 해도 그들의 요구를 받아들일 수 없다.

> 지금 얘네들은 자기가 공부를 되게 잘 하는 줄 알고 있어요. 지금까지 1등이라고는 한 번도 해보지 못하던 애들이 전교에서 1등도 하고, 기껏해야 30점 40점 맞던 애들이 90점 80점 맞으니까 정신을 못 차리는 거예요. 그런데 얘들이 정말 공부를 잘 하게 됐느냐 하면 그게 아니거든. 시험을 아주 쉽게 내고, 비슷한 애들끼리 경쟁을 하니까 그렇게 된거지. 내가 선생님들한테 늘 얘기해요. 시험은 제발 쉽게 내라고.(윤도연 교장)

제민고등학교 학생 38명 중에 정말로 공부에 관심을 가지고 공부를 잘 하게 된 학생은 소수에 불과하고, 아직까지 그들은 일반학교에서는 여전히 중하위권일 뿐이다. 그들이 정말로 자신이 희망하는 것처럼 서울대도 가고 하버드대도 가려면 지금 상태로는 죽었다 깨나도 어려운 일이다. 윤도연 교장은 그 점을 잘 알고 있다. 그리고 제민고등학교가 일반 학교의 중하위권 학생들을 대상으로 하지만, 5차원 전면학습 프로그램에 따라 학습하면 그들도 상위권 수준으로 올라설 수 있다는 것을 입증하는 데 목표가 있기 때문에 공부에 관심이 없고 말썽을 일으키는 학생을 제적하는 것은 자신을 기만하는 일이다.

윤도연 교장은, 자신을 위해서라도, 공부에 관심이 없는 대부분의 학생이 공부에 관심을 가지게 하고, 장차 그들도 대학에 진학할 수 있도록 해야하는 처지에 있다. 그런데 현실을 두고 보면 그 일은 참으로 요원하다. 윤 교장은 이 문제를 해결하기 위해서 2학기부터는 공부에 관심이 있는 학생과 그렇지 않은 학생을 분리하여 반을 편성하겠다고 학생들에게 약속하였다고 한다.

(4) 교사의 이직

제민고등학교가 겪는 어려움 가운데 또 하나는 교사들의 문제이다. 윤도연 교장은 제민고등학교에 온 학생들은 대부분 일반 학교의 피해자이고, 자신은 그들을 살리는 교육을 하겠다고 말한다. 그런데 그 일을 하기 위해서는 일반 학교의 소위 '모범생'들이 10년 가까운 기간 동안 형성해온 생활습관과 학력 등을 길게는 3년에서 짧게는 1년 안에 몸에 배게 해야한다. 하지만, 그 기간 동안 과거의 불규칙한 생활 습관을 버리는 것만도 쉬운 일이 아니다. 거기에다가 학생들이 자신의 생활을 스스로 규칙적으로 관리하고, 5차원 전면학습이라는 프로그램이 있다고 하더라도, 공부까지 잘 할 수 있게 하는 일은 더욱 어렵다. 그렇지만 제민고등학교는 그 일을 하겠다고 표방하고 나섰으므로 해야 하고, 그 일은 당연히 교사들의 몫이다.

그런데 제민고등학교는 신설학교이고, 재정도 열악하며, 기숙학교이므로 교사들은 그렇지 않아도 가르치기 어려운 아이들과 밤낮으로 함께 생활해야 한다. 거기에다가 대부분의 교사가 초임이거나 교사 자격증조차 없는 사람들이므로 교사들의 어려움은 더욱 가중된다. 그래서 윤도연 교장은 다음과 같이 말한다.

> 교사들이 가장 큰 걱정입니다. 교사들이 힘들어합니다. 우리 교사들에게는 아이들이 없는 날이 가장 행복한 날입니다. 누구나 이런 식으로 여기서 3-4년만 지내면 육체적으로나 정신적으로 모두 소진됩니다. 여기서 안 돌면 이상할 정도입니다. 나는 교사들이 24시간 풀가동하는 것은 좋지 않은 시스템이라고 생각합니다. 교사 자신이 소진되면 학생들을 인격적으로 대할 수 없습니다.(윤도연 교장)

나는 제민고등학교의 여러 장면들을 관찰하는 동안 교사들이 부분적으로는 학생들과 눈에 보이지 않는 타협을 하고 있다는 느낌을 받았다. 수업 시간에 딴 짓을 하거나 잠을 자는 학생에게 아무런 제재를 하지 않는다거나, 아침 7시가 되어도 학생을 강제로 깨우지 않는 점 등이 그렇다. 교사들의 말에 따르면 6월까지만 해도 교사들이 이런 문제를 해결하기 위해서 적극적으로 나섰지만, 그로 인해 오히려 교사와 학생 사이에 갈등이 더욱 증폭되고 불신만 조장되어서 이제는 교사들이 많이 참고 눈감아 두고 있다고 한다.

그런데 만일 교사들이 이런 상황을 더 이상 견뎌내지 못하고 학교를 그만둔다면 제민고등학교는 유명무실해지고 만다. 교사들은 20만 원 정도 밖에 되지 않는 보수를 받으면서 일반 교사들보다 두세 배도 더 되는 일을 하면서도, 학생들뿐만 아니라 부모들로부터도 신뢰받지 않는다. 또 세상에서는 호기심과 기대를 가지고 제민고등학교를 주목하고 있지만 적극적으로 나서서 도와주지 않으며, 교육청에서는 학교로 인정조차 하지 않는다. 이 학교에서 국어과를 가르치고 있는 고은주 교사는 자신이 가르친 학생을 국어 발표 대회에 참가시키려고 했지만, 교육청에서 공문을 보내주지 않아서 참가 신청서 양식을 이웃 학교에 가서 복사해서 접수시켰다고 한다.

윤도연 교장은 교사들의 이런 상황을 잘 알고있기 때문에 한편으로는 모든 교사들의 대학원 진학 지원을 약속하고, 다른 한편으로는 교사들의 신앙심에 호소함으로써 이 문제를 무마하고 있는 것으로 보인다. 그러나 지금과 같은 상황이 지속된다면 교사 중에 학교를 그만두는 사람이 생기고, 그것은 도미노로 이어질 수도 있는 것이다. 지금 상황만을 두고 보면 실지로 그런 일이 벌어질 가능성이 농후하다. 윤도연 교장은 이 점을 가장 염려하고 있는 것이다.

요컨대 제민고등학교는 일반 고등학교에서 중하위권에 있는 학생들을 대상으로 이른바 전인 교육을 하려고 하지만, 아직까지 현실은 그 이상에 동떨어져있다. 이상과 같은 문제가 가까운 시일내에 해결되지 못하고 지속된다면 제민고등학교의 이상은 포기될 수밖에 없다. 윤도연 교장은 이 점을 누구보다 잘 알고 있으며, 절박감 속에서 하루하루를 생활한다. 그 점은 윤도연 교장이 앞에서 한 말에 잘 나타나있다. 특히 제민고등학교가 다른 대안학교와 차별성을 두려고 하는 것 가운데 가장 핵심이 되는 것은 중하위권 학생들에게 정상적인 교과 학습을 시키는 것이다. 윤도연 교장은 일반 학교에서 중하위권이던 학생도 제민고등학교의 5차원 전면교육 프로그램에 따라 학습하면 공부를 잘 할 수 있게 됨은 물론이고 대학도 갈 수 있다는 것을 입증해보이고자 하는 것이다. 그리고 그것을 발판으로 자신의 프로그램을 일반 고등학교에도 일반화시키고, 더 나아가 가정에서도 누구나 그 프로그램을 사용하도록 하는 것이다. 그런데 한 학기가 지나도록 대부분 학생들의 학업 성적은 물론이고 생활습관도 거의 달라지지 않고 있는 것이다.

3. 교사들의 대안

이상은 우리가 1999년 7월 12일(월) 오전 11시부터 다음날 오후 2시까지 제민고등학교에 머무르면서 그곳의 교사, 학생들과 어울려 축구도 하고, 묵상 시간이나 수업 시간에도 참여하고, 함께 식사를 하면서 듣고, 본 것을 나의 관점에서 정리한 것이다. 그렇기 때문에, 이것만으로 제민고등학교에 대하여 단정적으로 말하거나 평가하는 것은 무리이다. 그런 줄 알면서도 나는, 그런 제한점을 인정하는 가운데 제민고등학교의 대안이 가지고 있는 특징을 자료가 허용하는 범위 내에서 잠정적으로 정리하였다. 그것은 다음과 같다. 아마도 추가적인 참여관찰 작업이 수행되면 이하의 내용은 달라질 수도 있고, 또는 더 확실한 윤곽이 드러날 수도 있을 것이다.

1) 통제

제민고등학교의 대안이 보여주는 가장 표면적인 특징은 모든 활동이 틀에 짜여져 있다는 점이다. 제민고등학교는 학생들에게 목표를 가지게 하고, 그 목표를 달성하기 위해 지력, 심력, 체력, 자기관리 능력, 인간관계의 다섯 가지 능력을 길러주는 것을 목표로 한다. 그리고 그 목표를 달성하기 위한 프로그램을 세우고 교사와 학생 모두 그 프로그램대로 따를 것을 요구한다. 거기에는 교사 나름대로의 학생 지도 계획이나 학생들 나름대로의 생활 계획은 허용되지 않는다. 학생들은 정해진 시간에 자고 정해진 시간에 일어나야 한다. 또 정해진 시간에 모두 다 자신의 생활을 반성하고, 일기를 써야 한다.

이 점은 특히 교과 학습에서 두드러진다. 교사와 학생들은 8시

30분에 시작하는 3분 묵상 시간부터 시작해서 모든 교과 학습 시간에 학교에서 제공하는 "1+4학습" 교재를 사용한다. 그 교재는 초등학교 3학년부터 고등학교까지의 전 과정을 단계별로 학습할 수 있도록 제작한 것으로서, 교사는 학생들이 그 교재가 지시하는대로 잘 움직이도록 하는 역할만 충실히 하면 된다. 제민고등학교에서 요구하는 교사는 학생의 수준과 여건에 따라 각각에 적절한 프로그램을 제작하는 프로그래머(programer)가 아니라 다른 사람이 짜놓은 프로그램을 잘 이용할 줄 아는 능숙한 유저(user)인 것이다. 교사는 수업 시간에 학생을 잘 통제하고, 주어진 프로그램을 잘 운용할 줄만 알면 된다. 그 점은 학생 역시 마찬가지이다. 제민고등학교의 체제 내에서는 학생 역시 자기 나름의 학습 방법이나 순서 등은 생각해볼 수 없다.

결국, 제민고등학교 학생들의 학교생활은 통제의 연속이다. 학교는 한편으로는 느슨한 것 같으면서도 다른 한편으로는 엄격한 규율을 학생들에게 요구하고, 그 규율을 어길 때는 심한 체벌을 가한다. 이곳 학생들은 여기의 벌은 너무 악랄해서 벌만 없었으면 좋겠다고 말할 정도이다. 우리가 도착한 첫날 보았던 벌받는 학생들 중에는, 창문 밖으로 수박 껍질을 버렸다는 이유로, 그리고 담배를 피우지 않음에도 불구하고 담배를 손에 쥐고 있다는 이유만으로 하루 종일 벌을 받은 학생도 있었다. 학생들은 외적인 행동만 통제받는 것이 아니다. 학생들은 잠자리에 들기 전인 밤 10시 45분부터 11시까지는 의무적으로 일기를 쓰고 그 내용을 검열받아야 한다. 또 한 번은 교장이 외부인 38명을 학교로 불러서 그들로 하여금 전교생을 1대1로 면담하게 하여 학생들의 속내를 수집하기도 하였다고 한다. 특히 이곳 학생들은 숫자가 적기 때문에 학생들의 일거수일투족이 교사들에게 노출될 수밖에 없다. 따라서 학생들에게 가해지는 통제는 일반 고등학교보다 더욱 심하다고 볼 수 있다.

2) 기다림

제민고등학교의 대안이 가지고 있는 또 다른 특징은 교사가 적극적으로 나서서 학생들을 가르치기보다, 학생이 스스로 학습하기를 기대한다는 점이다. 제민고등학교에서는 학생들에게 지식의 중요성을 강조하고, 가능하면 모든 학생이 대학에 진학하게 해야한다고 주장한다. 그래서 학생들에게 대학 진학의 꿈을 심어주지만, 정작 수업 시간에는 교사들이 학생들의 현재 수준에 맞추어서 개별적으로 가르치지 않는다. 그 점은 앞에서 예로 든 국사 수업 장면을 보아도 알 수 있다.

학생들은 수업 시간에 교사로부터 배워야 할 것을 숙제로서 하도록 요구받기도 한다. 예를 들면 대부분의 학생들은 독후감 쓰는 법을 잘 알지 못하는 것은 물론이고, 글쓰기조차 싫어하는 상황에서 독후감을 써서 제출해야 한다. 다음은 제민고등학교 1반 교실의 칠판에 적혀있던 내용이다.

< 기독교 기말 고사 >

1. 죠지 뮬러와 기도 응답: 독후감 A4 용지 2매 이상 제출
2. 자신의 간증문(예수 믿고 변화, 학교 와서 신앙) A4 용지 2매 이상 7월 9일(금)까지 제출

그리고 학교는, 수업 시간에 학생들이 실지로 학습을 할 수 있도록 하는 대신, 점수라는 고삐를 쥐고 학생이 공부라는 일을 하도록

채찍질한다. 다음은 제민고등학교 복도의 게시판에 붙어있던 내용이다.

- 1차 미제출자는 7월 12일(월)까지 1학기에 배운 단어 100개 이상 A4용지에 써서 제출할 것(16점 만점) 예: roof 지붕, turtle 거북이
- 2차 미제출자는 7월 12일(월)까지 1+4교재 3권과 4권을 풀어서 제출할 것(월요일까지 제출하는 학생은 20점 만점 중 16점으로 계산함)
- 7월 10일까지 노트를 제출하지 않는 학생은 월요일까지 제출할 것. 월요일 제출시 1점 감점해서 19점 만점으로 계산함.

이러한 위협에도 불구하고 학생들이 과제를 제출하지 않으면 그것은 학생의 책임일 수밖에 없다. 즉, 학생들이 학습을 하고 안 하고는 학생의 몫으로 넘겨지는 것이다.

그런데 이곳에 재학하고 있는 학생들의 대부분은 중학교는 물론이고 초등학교에서 배웠어야할 내용조차 충실히 학습하지 못한 상태이다. 그런 까닭에 학생들은, 교사가 수업 시간에 자신의 수준보다 훨씬 높은 내용을 이야기하면 잠을 자거나 다른 재미있는 놀이를 찾는 것이다. 그런 학생들이 과제를 어떤 방식으로 수행할지는 누구보다도 교사들이 잘 알고 있다.

그럼에도 불구하고 윤 교장과 교사들은 주어진 틀 속에서 나오려고 하지 않는다. 즉, 제민고등학교는 교사가 적극적으로 나서서 학생들을 가르치기보다는 학생들이 스스로 공부하기만을 기대하고 있으며, 그것은 마치 거미가 거미줄을 치고서 벌레가 날아와서 걸리기만을 기다리고 있는 것과 유사하다.

3) 상투성

제민고등학교가 가지고 있는 이러한 특징은, 내가 보기에, 기존의 일반 고등학교가 가지고 있는 특징과 크게 다르지 않다. 한 가지 다른 점이 있다면, 기존의 일반 고등학교는 학급당 정원이 제민고등학교보다 훨씬 많아서 학생들의 수준에 맞추어서 개별적으로 지도하는 일이 불가능하므로 불가피하게 위와 같은 특징을 지니고 있다면, 제민고등학교는 스스로 그런 특징을 선택하고 있다는 점이다.

제민고등학교는 학급당 정원이 19명밖에 되지 않고, 학생들이 기숙생활을 하고 있기 때문에 획일적인 진도나 수업 시간에 얽매이지 않고 개별 학생들의 수준과 학습 속도에 맞도록 개별지도 할 수 있는 가능성이 열려있다. 그럼에도 불구하고 제민고등학교는 5차원 전면 교육 프로그램을 일반 고등학교로 일반화하는 것을 염두에 두고 있기 때문에 50분을 단위로 수업을 편성하고, 표준화된 프로그램에 따라 수업을 운영한다. 그로인해 학생들은 각자의 수준이나 학습 속도에 맞는 학습을 할 수 없게 된다.

또 제민고등학교는, 기숙학교이기 때문에 공동생활을 유지하는데 필요한 규칙이 요구될 수밖에 없다. 다른 학생들이 잠을 자고 있는 한밤중에 숙소의 불을 켜고 혼자서 책을 보아서는 안 된다거나, 저녁 식사 준비를 하고 있는 식당에 와서 점심을 못 먹었으니까 밥을 달라서 해서는 안 된다는 것 등이 그 예이다. 그런 규칙들은 다른 학생의 개인 생활을 존중하는 데 요구될 뿐만 아니라 자신의 개인 생활을 존중받는 데 또한 요구되는 것들이다. 그런데 제민고등학교는 그 이상으로 학생들을 통제한다. 일과를 마친 후 자유 시간에도 외출을 할 때는 외출증을 받아야 한다거나, 아침 기상 시간부터 거의 한 시간 동안 스피커를 통해 울려대는 복음 노래(가스펠 송)를 듣지 않을 수 없다는 것 등이 그 예이다.

이런 점들에 비추어보면, 제민고등학교는 일반 고등학교와 크게 다를 것이 없으며, 일반 고등학교가 가지고 있는 특징을 오히려 더욱 전형적으로 가지고 있다고 볼 수 있다.

4. 학생들의 대안

1) 수수께끼

나는 제민고등학교가 가지고 있는 이상과 현실, 그리고 거기서 드러나는 특징을 살펴보면서 한 가지 의문에 봉착하였다. 그것은, 제민고등학교는 일반 고등학교와 큰 차이가 없으며, 오히려 통제면에서는 다른 학교보다 더 학생들에게 엄격함에도 불구하고 학생들이 왜 이 학교에 남아있는가 하는 것이다. 이 학교에는 40명의 입학생 가운데 현재 38명이 남아있다. 이 학교를 떠난 2명 가운데 하나는 불가피한 사정으로 다른 학교로 전학하였다. 현재 한 학기가 지날 때까지 거의 전원이 남아있는 것이다. '제민고등학교 학생들은 왜 학교를 떠나지 않는가?' 이 의문을 여러 측면에서 생각해볼 수 있을 것이다.

첫째는, 우리 사회가 학력을 기준으로 사람을 평가하는 상황에서 이 학교마저 그만 두면 더 이상 갈 곳이 없다는 절박감이 학생 자신뿐만 아니라 부모들에게도 크게 작용하기 때문이라고 생각해볼 수도 있다. 학생들 사이에서는 부모 호출과 퇴교가 가장 큰 벌로 인식되고 있다는 데서 그 가능성을 생각해볼 수 있다.

둘째는 학생들의 특성에서 찾을 수 있을 것이다. 이 학교 학생들 가운데 상당수는 목사 또는 독실한 기독교 신자의 자제들이다. 그리고 이들은 입학할 때부터 공부를 조금 못하거나 일반 고등학교에서 능동적으로 생활하지 못했을 뿐 심각한 문제를 안고 있는 학생들이 아니다. 그 점은 이곳 학생들이 외부에서 자신들을 심각한 문제아로 보고 있는 것에 대하여 거부감을 느끼다 못해 분개하고 있기도 한다는 데서 알 수 있다. 나는 이 점을 한 여학생과의 면담 중에서 알게 되었다.

> 연구자: 여기에서 내가 가장 하지 말았으면 좋겠다고 생각하는 것이 있다면 무엇이 있니?
>
> 이나니: 우리를 문제아로 보지 않았으면 좋겠어요. 우리는 그냥 평범한 학생들이예요. 우리도 일반 고등학교에 가면 중간쯤 되는 학생들이예요. 그런데 기자들이 우리를 잠깐 보고 가서는 왕따 학교니 문제아 학교니 하고 퍼뜨리는 것을 보면 화가 나요.

이러한 사실은 교사와의 면담을 통해서도 알 수 있었다. 교사들은 이 학교에서 가장 심각한 문제 학생으로서 장주영을 손꼽는다. 그 학생은 교사 앞에서 "재수 없어"등의 말을 하고, 교사의 지시를 어기고 대들기도 했다고 한다. 그 말을 다른 측면에서 보면 대부분의 학생은 그 정도로 심각한 문제를 가지고 있지는 않다는 것을 뜻한다. 즉 이 학교의 학생들은 입학할 때부터 대체로 순종적이기 때문에 아직까지는 학교에서 강력히 통제를 해도 학교를 그만두거나 뛰쳐나가는 행동은 하지 않고 있다고 생각해볼 수 있다.

셋째는, 학생들이 스스로 제민고등학교를 선택하였기 때문이라고 생각해볼 수 있다. 앞서 언급한 것처럼, 많은 학생들이 제민고등학교를 스스로 선택하여서 입학하였기 때문에, 학생들은 자신의 선택에 대한 책임을 스스로 지려고하기 때문이라고도 생각해볼 수 있다.

넷째는, 제민고등학교가 다른 학교에서는 제공하지 못하는 것을 학생들에게 제공하는 것이 있기 때문이라고 생각해볼 수 있다. 나는 이 점을 알아보기 위해서 이 학교의 회장을 맡고 있는 한성윤 학생에게 제민고등학교의 어떤 점이 좋으냐고 물어보았다. 그는 나의 질문에 다음과 같이 대답하였다.

> 이 학교는 편해요. 하고싶은 것을 할 수 있어요. 저는 이리 남성고등학교에 2학년까지 다니다가 왔는데 거기서는 제가 하고 싶은 것을 할 수 없었어요. 여기서는 음악도 하고 춤도 출 수 있어요. 여기 아이들은 축구 등과 같은 운동을 모두 좋아해요. 그리고 모두 서로를 잘 알지요. 저는 제가 선택해서 왔어요. 2천 대 1의 경쟁률을 뚫고 온 것이지요.(한성윤)

나는 아직까지 그것이 무엇인지 분명히 확인하지는 못했지만 제민고등학교가 학생들에게 남달리 제공하는 것이 있음은 분명하다. 우리는 제민고등학교에 도착한 첫날 학생들과 1시간 동안 축구를 하였으며, 학생들은 축구를 하면서도 전에도 다른 방문객들과 축구를 해서 이겼다고 자랑 삼아 이야기를 했다. 또 교사들의 말에 따르면 학생들은 다음과 같이 말하기도 한다고 한다.

> 나 애랑 같이 학교 못 다녀요라는 말을 요새는 안 해요. 학년 초에는 그런 말을 많이 했거든요. … 나이트 클럽에 가는 것도 재미

있지만 도랑에서 가재 잡는 것도 재미있다. 그동안 답답한 서울에서 어떻게 살았는지 모르겠다고 말하기도 해요.(김강남 교사)

이런 경험은 다른 학교에서는 좀처럼 하기 힘든 것임은 분명하고, 그것이 학생들을 이 학교에 붙잡아두는 원인의 하나라고 볼 수 있다.

2) 그들의 대안

그러나 내가 보기에 학생들이 제민고등학교를 떠나지 않는 보다 중요한 이유는, 거기에는 그들만의 대안과 가능성이 있기 때문인 것 같다. 학생들은 제민고등학교에서 자기들만의 질서를 만들어 간다. 그 대표적인 경우가 너와 나의 구분이 느슨하다는 점이다. 제민고등학교 학생들은 학년 초에는 '니 것과 내 것'을 엄격히 따졌다고 한다. 그러나 이제는 수건이건, 양말이건, 속옷이건, 신발이건 필요할 경우에는 동성 친구뿐만 아니라 이성 친구 것까지도 제 것 쓰듯이 서로 가져다가 사용한다고 한다.

우리가 첫날 학생들과 축구 경기를 할 때도, 우리 일행 중 한 명이 운동화가 없어서 경기에 참여할 수 없게 되자, 학생들은 아무거나 발에 맞는 것을 가져다 신으라고 권했다. 학생들은 빨래를 할 때도, 각자 빨래감을 세탁기에 갖다 집어넣으면 누군가가 알아서 세탁기를 돌리고, 빨래가 다 되면 그것을 본 사람이 빨래를 햇볕에 넌다고 한다. 또 처음에는 교사가 학생들에게 청소 구역을 맡겨서 의무적으로 하게 했지만, 잘 지켜지지 않았다.

그러나 이제는 정해진 당번이 없어도 알아서 누군가 청소를 한다. 나는 첫날 저녁에 다른 학생들이 쉬고 있는 동안 이서인 학생이 도서실을 청소하고 정돈하는 것을 보았다. 내가 다른 학생에게 왜 이서인 혼자서 도서실을 청소하느냐고 묻자, 그는 이서인이 그냥 매일 도서실을 청소한다고 대수롭지 않은 듯이 말하였다. 식사 후 식판과 식기 설거지의 경우도 당번이 정해져있지만, 설거지를 안 하는 학생도 있다. 그러나 학생들은 그에 대해서 크게 문제 삼거나 그로 인해서 갈등을 빚는 모습은 보이지 않았다.

이런 점들은 학생들이 남녀 구분 없이 서로를 잘 알고 친근하게 지내고 있다는 점과도 통한다. 앞에서 한성윤 학생이 "서로를 잘 알지요"라고 한 말도 이 점을 두고 하는 말이라고 볼 수 있다. 학생들은 서로를 잘 알고, 친근하기 때문에 각자 자신을 조금씩 양보하고 서로를 수용하는 것이다. 이 점을 가장 전형적으로 나타내는 경우가 제민고등학교에는 그들 특유의 말투가 있다는 사실이다. 제민고등학교를 함께 참여관찰한 한 동료의 말에 따르면, 제민고등학교에는 강원도와 제주도를 제외한 우리나라 전 지역 출신의 학생들이 재학하고 있다. 그래서 초기에는 출신지별로 학생들의 말투가 다양했는데, 이제는 각자 고향의 말투 대신 제민고등학교 학생들이 공통적으로 사용하는 특유의 말을 사용한다는 것이다.

이런 현상은 제민고등학교가 소규모 학교인데다가 기숙학교이기 때문에 나타나는 것이기도 하다. 또 앞에서 언급한 원인들이 작용한 결과라고 생각할 수도 있다. 그렇지만, 그것은 윤도연 교장이나 교사들이 의도하거나 예상하지 않았던 현상이며, 앞의 원인들이 반드시 이러한 결과를 가져온다는 확증도 없다. 그보다는 학생들이 스스로 자신의 대안을 만들어가고 있다고 보는 것이 더 타당할 것 같다. 특히 학생들은 지금까지는 공동생활에서의 대안을 주로 모색하였지만, 이제는 학습의 대안으로까지 넓혀가고 있다. 학생들은 1학기 말에 이르러서, 계획대로 잘 되지는 못했지만, 15명 정도가 모여서 학습반을 조직하여 공부를 하려고 시도하였다. 그러는 가운데 학생들은 그로 인해서 친구들 사이의 거리가 멀어질까 염려하고 있기도 한다.

요컨대, 제민고등학교가 학생들을 상투적으로 대함에도 불구하고 학생들이 제민고등학교를 떠나지 않는 이유는, 거기에는 그들만의 대안과 가능성이 있기 때문이라고 볼 수 있다. 또한 지난 한 학기 동안 교사를 비롯한 학교장과 학생들 사이에 보인 갈등은 학교측의 통제와 학생들의 자율 사이의 갈등이라고 볼 수 있다. 이 점은 학생들이 교장에 대하여 "왜 자율적인 학교라고 하면서 왜 우리가 하고싶은대로 하면 안 됩니까?"라고 항의하는 데서도 알 수 있다. 이 점을 달리 말하면, 그것은 학교 측의 대안과 학생들의 대안 사이의 갈등이라고 볼 수도 있다.

5. 제민고등학교의 시사점

내가 보기에 제민고등학교는 요즘 유행처럼 번지고 있는 대안학교, 그리고 더 나아가 교육 개혁 정책의 방향에 대하여 중요한 시사를 제공한다.

요즘의 많은 대안학교들이 일반 학교가 지닌 문제를 해결하기 위하여 나름대로의 대안적 프로그램을 제시하고 운영하고 있다. 그런데 그런 대안의 대부분이 학교 설립자 주도로 이루어진다. 제민고등학교의 경우에서 알 수 있듯이 교사나 학생들은 그 프로그램에 투입되는 원료에 불과하다. 거기에는 학생과 교사의 자율적 판단과 선택은 별로 허용되지 않는다. 그것은 획일적인 학교 교육을 개선하기 위해 또 다른 획일적인 기준을 강요하는 것이다.

이런 현상은 오늘날의 교육 개혁 정책에서도 드러난다. 지금까지 학교의 개혁을 위해 많은 안이 나오고 그 안들이 시행되었지만 성공했다고 평가받은 경우가 거의 없다. 그 안들은 대부분 학교에 새로운 통제로서 작용할 뿐이었다. 오늘날 학교에서 급격히 확산되고 있는 열린교육이 그 대표적인 경우이다.

오늘날 학교에서는 특정한 형식과 절차를 갖춘 수업 방식을 열린교육이라고 정의하고, 모든 교사들에게 그런 방식으로 수업을 하도록 강요한다. 그것은 열린교육을 표방하는 또 하나의 통제인 것이다. 또 학생 간의 개인차를 고려하여 수준별로 교육과정을 구성한 7차 교육과정 역시 여기서 크게 벗어나지 않는다. 학생의 수준은 천차만별이며, 그것을 가장 정확히 판단하고 그에 적합한 교육과정을 구성할 수 있는 사람은 그 학생을 담당하는 교사이다. 그럼에도 불구하고 정부에서는 상 · 중 · 하로 교육과정을 편성하여 그 교육과정에 따라 학생을 지도하도록 교사에게 요구한다. 교사와 학생을 외부로부터 통제하고, 교사와 학생은 정해진 틀 안에서만 움직여야 성공적인 교육이 이루어질 수 있다고 전제하는 것이다. 제민고등학교의 교육 프로그램 역시 이러한 사고를 바탕으로 이루어지고 있다.

그러나 외부로부터 통제가 주어지면 주어질수록 교사와 학생의 사고와 활동은 경직될 수밖에 없다. 그러한 통제 속에서는 학생들 개개인의 학습을 충분히 보장하기 어렵다. 제민고등학교를 비롯한 오늘날 우리의 학교가 겪고 있는 문제 중의 상당수는 외부로부터의 지나친 통제로부터 비롯되었다고 볼 수도 있다. 제민고등학교는 한편으로 외부로부터의 통제를 지양하는 학교의 변화를 모색할 필요가 있음을 시사하고 있다고 볼 수 있다.

특히 제민고등학교는, 우리의 학교가 진정으로 대안을 모색하고자 한다면 교사뿐만 아니라 학생의 자율을 지원해야 함을 보여주고 있다. 학교가 학생들에게 방향과 구체적인 방법, 그리고 하루 일과까지 지시하고, 학생들에게는 손발로서의 역할만 요구해서는 대안이 될 수 없다. 제민고등학교 학생들은, 학생들이 현재 처한 여건 속에서 자신들의 대안의 방향과 구체적인 방안을 스스로 찾아나갈 수 있는 가능성을 보여주고 있다. 즉, 학교가 학생들에게 손발로서의 역할만을 요구하기보다는 머리로서의 역할을 인정하고 존중할 때, 학교장을 위한 대안이 아니라 학생들을 위한 대안이 될 수 있는 것이다.

이상은 우리가 제민고등학교에 1박 2일 동안 참여관찰한 결과를 제한적인 자료를 토대로 기술하고, 나의 관점에서 분석하여 정리한 것이다. 거듭 밝히지만, 그 때문에 이 글은 제민고등학교를 충분히 드러내 보이지 못한다. 따라서 이 글을 근거로 해서 제민고등학교를 평가한다는 것은 제비 한 마리를 보고 봄이 왔음을 단정짓는 것과 같은 우를 범하는 것이다. 그렇지만, 조심스럽기는 하지만, 거기서 우리는 제민고등학교가 처한 현실과, 그것이 오늘날의 학교교육에 시사하는 바가 무엇인지를 생각해볼 수는 있을 것이다. 이상에서 내가 정리한 것은, 그 조심스러움을 바탕으로 생각해본 것이다.

제7장

사회의 교육학적 해석

1. 학교 사회의 다면성
2. 연구 방법과 절차
3. 산들초등학교 사회의 형성과 변화
4. 산들초등학교 사회 구성원의 다층적 관계
5. 닫힌 관계와 열린 관계
6. 산들초등학교 사회의 교육학적 해석
7. 사회의 교육학적 해석의 가능성과 과제

CHAPTER 7

사회의 교육학적 해석[1)]

1. 학교 사회의 다면성

학교는, 기능주의 사회학의 관점에서 바라보면 비사회적 존재인 어린 아이들을 사회적 존재로 사회화하는 장소다. 이 관점에 따르면, 사회는 서로 다른 기능을 수행하는 개인이나 집단이 유기적으로 결합되어서 하나의 전체로서 구성된다. 이 때 서로 다른 개인이나 집단이 유기적으로 결합될 수 있기 위해서는 그들 각각이 전체 사회가 합의하는 가치와 지식과 기술을 공유할 수 있어야 한다. 학교는 이러한 가치와 지식과 기술을 새로운 세대에게 전수함으로써 한 사회가 지속적으로 유지되게 한다.

한편, 계급 갈등주의 사회학의 관점에서 바라보면, 학교는 불평등한 자본주의 사회의 계급 구조를 정당화하고 재생산하는 장치이다. 이 관점에 따르면, 사회는 자본가와 노동자가 각각 자본과 노동력을 매개로 생산관계로서 결합되어 있는 가운데, 잉여 생산물을 두고 갈등하는 상태로서 존재한다. 이 때 권력의 우위를 점하고 있는 자본가는 학교 교육을 통해서 노동자 계급의 자녀들에게 불평

1) 이 글은 "사회의 교육학적 해석을 위한 시론: 산들초등학교 사례를 중심으로" (한국교육사회학회 2005년 추계 학술대회 발표문)를 일부 수정한 것이다. 이 글은 본인의 박사학위 논문 "산들초등학교의 교육공동체 형성에 관한 교육인류학적 연구"(2005, 서울대학교 박사학위 논문)를 본 주제에 맞게 다시 작성한 것이다.

등한 사회 계급 구조를 정당한 것으로 인식하도록 만들고, 교육의 기회를 불평등하게 제공함으로써 자본주의 사회가 지속되게 한다.

위의 두 가지 관점에 따르면, 학교는 사회를 구성하는 기구 가운데 하나로서 존재한다. 단지 전체로서의 사회를 어떤 관점에서 바라보는가에 따라서 그 기능이 다르게 해석될 뿐이다. 이런 사실은 두 가지 사실을 다시 함의한다. 하나는, 학교는 하나의 고정된 실체가 아니라 관점에 따라서 다르게 해석될 수 있다는 사실이다. 다른 하나는, 만일 사회를 바라보는 또 다른 관점이 있을 수 있다면, 그 안에서 학교는 또 다른 모습으로 우리에게 해석될 수 있다는 점이다.

위의 둘째 가능성은 미시사회학자들 또는 사회구성주의자들에 의해서 현실화되었다. 그들은 학교를 거시사회를 구성하는 한 요소로서 파악하는 대신, 그 자체로서 하나의 사회로서 상정한다. 그리고 그 사회 속에서의 개인들이 어떤 관계를 맺고, 어떤 방식으로 상호작용하는지를 파악했다. 예를 들면, 메한(H. Mehan, 1979)은 학교의 교실 사회에서는 학교 밖의 사회와는 다른 방식으로 언어적 상호작용을 한다는 것을 밝혀내기도 했다. 메한에 따르면, 학교 밖의 사회에서는 질문과 대답(I-R)의 연속으로 대화가 이루어지지만, 학교의 교실 사회에서는 교사의 질문과 학생의 대답에 이어서 교사의 평가가 뒤따르는 방식(I-R-E)으로 대화가 이루어진다. 이러한 관점의 연장에서, 조영달(2001)은 우리나라 중등학교 교실에서의 교사와 학생 사이의 언어적 참여구조를 연구하였으며, 고창규(2000)는 우리나라의 초등학교 교실에서 이루어지는 언어적 상호작용을 말차례(Turn taking)를 중심으로 연구했다. 또한 우즈(Woods,

1983)는 고프만(Goffman, 1959)의 연극이론 등을 적용하여 학교 사회에서 독특하게 이루어지고 있는 개인들 사이의 상징적 상호작용의 과정과 방식을 밝혀냈다.

요컨대, 학교는 우리가 어떤 관점에 의해서 바라보는 가에 따라서 다양한 모습으로 드러나고, 다양한 의미로서 해석될 수 있다. 그리고 우리는, 학교 사회를 다양한 관점에서 바라보고 새로운 의미를 해석해냄으로써 학교 사회를 좀 더 풍부하게 이해하고, 그것을 토대로 오늘날 우리나라의 학교가 안고 있는 문제를 해결하는 데 좀 더 긍정적으로 기여할 수도 있을 것이다. 그런데, 앞서 살펴본 바와 같이, 기존의 교육사회학 연구들은 학교 사회를 주로 사회학의 관점에서 바라봄으로써 학교의 사회적 현상을 파악하는 데는 기여했지만, 학교의 교육적 현상을 파악하는 데는 상대적으로 기여가 부족했다. 그 결과 오늘날 우리나라의 학교가 안고 있는 문제를 해결하기 위한 구체적인 대안을 제시하는 데는 한계가 있었다.

이런 이유에서 본 연구는, 비록 시론적인 수준이지만, 학교 사회를 새로운 관점에서 특히 교육학의 관점에서 해석하고자 한다. 만일 본 연구에서 학교 사회를 교육학의 관점에서 적절히 해석하게 된다면, 우리는 그동안 학교 사회에서 바라보지 못한 측면을 바라볼 수 있게 될 뿐만 아니라, 학교 이외의 다른 사회집단들 역시 같은 관점으로 해석하여 바라볼 수 있게 될 것이다. 그것은 교육사회학의 탐구 영역을 학교 밖의 다양한 사회집단으로까지 확장할 수 있게 됨을 의미한다.

2. 연구 방법과 절차

사회를 교육학의 관점에서 이해하기 위해서는 먼저 교육학의 관점이 무엇인지 분명히 해야 한다. 그런데 우리가 이미 알고 있다시피 교육에 관한 정의는 너무 다양하다. "지식의 형식으로의 입문"(Hirst, 1965), "경험의 계속적인 재구성"(Dewey, 1966), "인간 행동의 계획적인 변화"(정범모, 1969), "사회적 실제로의 입문"(Hirst, 1993), "학습에 대한 간섭과 조정"(김신일, 1993), "상구와 하화"(장상호, 1997) 등이 모두 교육에 관한 정의들이다. 이 밖에도 교육에 관한 또 다른 정의가 존재하고, 태어나고 있다.

일반적인 절차를 따른다면 교육학의 관점을 분명히 하기 위해서는 이 각각의 정의를 검토하고, 그 가운데 하나의 정의를 선택해야 한다. 그런데 이처럼 하기 위해서는 다양한 정의들을 검토하고 선택하는 데 적절한 준거가 있어야 하고, 그 준거가 타당하다는 점을 별도로 입증해야 한다. 그러나 이 작업은 본 논문의 범위와 나의 능력을 훨씬 넘어서는 것이다. 거기에다 어떤 하나의 옳은 정의를 선택하기 위한 절대적인 준거를 말하는 것도 쉽지 않다. 단지 각자가 해결하고자 하는 문제에 적합한 준거가 무엇인지만 말할 수 있을 뿐이다. 즉 문제 자체가 준거가 되는 셈이다.

따라서 여기서는 교육학의 관점을 사전에 정의하고 그 정의에 비추어서 사회를 교육학의 관점에서 이해하는 대신, 우리가 해결하고자 하는 문제가 무엇인지를 분명히 하고, 그 문제에 비추어서 사회를 교육학의 관점에서 이해하는 데 적합한 정의가 무엇인지를 검토하는 방식을 취한다. 그것은 다음과 같은 절차를 따른다.

첫째, 한 사회 내에서 구성원들은 함께 살아가는 동안 어떤 경험을 하는지 기술한다. 그 과정에서 구성원들의 사고가 어떻게 변화하는지 기술한다. 사고의 변화에 주목하는 이유는, 교육은 최종적으로는 개인의 사고의 변화를 함의하기 때문이다.

둘째, 사회 내에서 구성원들이 서로 어떤 종류의 관계를 맺고 있으며, 그 관계 중에서 어떤 관계에 의해서 사고의 변화가 나타나는지 분석해서 확인한다. 구성원들 사이의 관계에 주목하는 것은, 하나의 사회는 그 사회를 구성하는 사람들 사이의 관계로서 구성되고, 사회를 교육학의 관점에서 해석하는 일은 그런 여러 관계 가운데 하나에 주목하는 일이 될 것이기 때문이다.

셋째, 그 관계들 가운데 기존의 사회학의 관점에서 충분히 설명되지 않는 점이 무엇인지 확인한다.

넷째, 만일 그 점을 사회의 교육적 측면이라고 볼 수 있다면, 어떤 점에서 그러한지, 그 점을 설명하는 데 적합한 교육학의 관점이 무엇인지를 역으로 추론한다.

다섯째, 이상의 작업에 의해서 확인된 교육학의 관점이 다른 종류의 사회에도 적용될 수 있는지 검토한다.

이하에서는 위의 절차에 따라서 산들초등학교[2] 사회를 검토한다. 산들초등학교는 우리나라 무릉도 매향시 춘래면에 위치한 소규모 공립초등학교로서, 한때 정원 감소로 인해서 폐교될 처지였으나 외부로부터 학생과 교사가 전입해오고 새로운 교육활동을 다양하게 전개함으로써 학생수가 증가하고 외부로부터 주목받고 있다. 나는 2001년 6월부터 2004년 3월까지 매주 2, 3회 산들초등학교를

2) 가명이다. 이하에서 산들초등학교와 관련해서 등장하는 인명, 지명, 단체명도 마찬가지다.

방문하여 하루 종일 각종 교육활동과 행사, 일상의 생활을 관찰하고 수시로 면담했다. 그리고 그 과정의 일부를 비디오 카메라로 촬영했다.[3)]

이 과정에서 나는 산들초등학교 사람들이 때로는 협력하고 때로는 갈등하는 가운데 사고를 재구성해간다는 것을 발견했다. 나는 현지연구를 통해서 수집한 자료를 전사하고 정리해서 분석하는 과정에서 산들초등학교 사람들 사이에는 다양한 관계가 다층적으로 존재하며, 그 가운데 그들이 말하는 "서로 이해하는 관계"에 의해서 사고를 재구성해가고, 서로 유대감을 느낀다는 것을 알게 되었다. 나는 이런 관계를 교육으로 볼 수 있는 가능성을 검토하고, 그와 관련해서 사회를 교육학의 관점에서 해석하는 것이 어떤 것인지를 잠정적으로 정리해보았다. 그리고 이후로 사회를 교육학의 관점에서 해석하는 작업을 본격적으로 해나가고자 할 경우에 어떤 과제들을 해결해야 하는지 살펴보았다.

앞서 밝힌 것처럼 이 연구는 사회를 교육학의 관점에서 이해하는 일이 어떤 것인지를 시론적인 수준에서 검토하고 가능성을 확인하는 데 목적이 있다. 따라서 이 글에서는 사회나 교육의 다양한 개념과 속성 등에 관한 논의는 충분히 다루어지지 못했다. 그와 관련된 깊이 있는 논의는 다른 연구를 통해서 이루어지기를 기대한다. 이런 한계에도 불구하고 이 연구는 사회를 교육학의 관점에서 이해하는 일의 필요성과 가능성을 환기시키고 모색한다는 점에서 의의가 있다.

---

3) 내가 촬영한 비디오 테잎은 1,200여 시간이고, 실지로 내가 관찰하거나 면담한 시간은 그것의 두 배 이상이다.

3. 산들초등학교 사회의 형성과 변화

산들초등학교는 우리나라의 무릉도 매향시 춘래면 산들리에 위치한 공립초등학교다. 이 학교는 1912년에 개교했으며, 2000년에는 학생수가 26명까지 감소해서 폐교의 위기에 처해있었다. 그런데 2001년 3월을 전후해서 인근 희망시에 거주하는 학부모들이 자신의 아이들을 전입시키고, 산들초등학교를 되살리는 데 관심이 있는 교사들을 물색하여 전근오게 했다. 학부모와 교사들은 기존의 초등학교가 지나치게 획일적이고 관료적이며 아이들을 충실히 배려하고 있지 못한다는 데 인식을 함께 했다. 산들초등학교 사람 가운데 하나인 이정호 교사는 이 점을 다음과 같이 말했다.

> [1] 승진구조를 둘러싸고 사람들이 벌이는 교활한 행태들, 그것이 파괴하는 교직문화들, 겉으로는 아이들을 위한다고 하면서 단 한 번도 아이를 위하는 학교라고 느껴지지 않는 것들, 그 속에서 놀 공간 하나 아이들의 감성이나 욕구나 이런 것을 환경적으로도 배려하지 못하고 정책적으로도 배려하지 못하고, 지적인 것으로도 어느 것으로도 배려하지 못하는 그야말로 수용소에서 사는 것 같은 아이들. 이런 얘기를 들으면 나도 숨이 막히죠.(이정호 교사)

외부로부터 전입해온 학부모와 교사들은 기존의 학교가 안고 있는 문제를 해결하고, 학교에서 아이들이 행복하게 살아가면서 공부할 수 있게 하기 위해서 산들초등학교의 운영 방식과 시설, 교육활동 등을 개혁했다. 그들은 학교가 아이들을 존중하고 아이들을 중심으로 운영되기를 기대했다. 아이들이 경쟁하지 않고, 교실에 갇혀서 죽어있는 지식을 배우는 것이 아니라 체험을 통해서 살아있는 지식과 정서를 학습하기를 기대했다. 또한 학교의 각종 사안들은 교사와 학부모가 참여하는 가운데 민주적으로 결정하고, 함께 수행해나가기를 기대했다. 그리고 그 기대를 실현하기 위해서 기존의 공립학교에서는 시도한 적이 없는 다양한 활동들을 많이 했다. 그것들은 크게 다음 세 가지로 구분할 수 있다.

첫째는 아이를 중심에 둔 학교 경영이다. 산들초등학교의 교사와 학부모들은 학교에서 운영되는 각종 교육활동 뿐만 아니라 학교의 시설, 시간 등을 학생들이 학교에서 편안하고 즐겁게 생활할 수 있도록 기획하고 배치했다. 학교의 곳곳에 아이들을 위한 놀이터를 설치하고, 학생들이 사용하는 각종 시설과 비품을 학생들의 신체와 동선에 적합하고 편리하게 제작하고 배치했다. 쉬는 시간과 점심시간을 각각 30분과 1시간으로 길게 배치함으로써 아이들이 충분히 놀 수 있게 했다. 아이들이 서로 경쟁하지 않도록 하기 위해서 각종 시상제도를 폐지했다. 아이들에 대한 체벌 또한 금지했다.

둘째는 체험학습 중심의 교육과정 운영이다. 산들초등학교는 공립초등학교이므로 국가가 지정한 정규교육과정을 다른 학교와 다름없이 운영해야 했다. 그렇지만 교육과정 상에는 연간 이수해야할 총 수업 시간 1,088시간 중 68시간을 학교가 재량에 따라서 자율적으로 운영할 수 있도록 허용되어 있다. 산들초등학교는 이 시간을 이용해서 여름과 가을에 각각 일주일 동안 계절학교를 개설했다. 이 기간 동안 학생들은 음악, 미술, 공예, 공작, 무용, 연극 등의 분야 가운데 하나를 선택해서 집중적으로 학습하고 발표했다. 매주 토요일에는 체험학습 시간을 배치함으로써 학생들로 하여금 교실에서 교과서를 통해서가 아니고 박물관, 공연장, 시장, 실습지 등과 같은 현장에서 체험을 통해서 지식이나 기능을 학습하도록 했다.

이 밖에도 방과후특기적성활동 시간에는 거의 모든 학생들로 하여금 국악기 가운데 한 가지 이상을 선택하여 학습하도록 했다.

셋째는 구성원 모두가 주체로서 평등하게 참여하는 학교 경영이다. 산들초등학교 교사와 학부모들은 학교의 경영과 관련되는 각종 사안들을 민주적인 방식으로 논의하고 결정하고자 했다. 교사들은 매주 주례회의를 통해서 학교 경영과 관련되는 사안들을 논의했고, 학부모들은 학년별 회의와 학년별 대표회의를 통해서 논의했다. 그 사안들은 학교운영위원회를 통해서 다시 논의하여 최종적으로 결정됐다. 학생들 역시 학교에서 학생들의 생활과 관련된 문제는 전교 학생들이 참여한 가운데 이루어지는 다모임을 통해서 의논하고 결정하도록 했다.

산들초등학교가 새롭게 시도한 이러한 세 가지는 각각 "아이중심", "체험학습", "다함께"라는 원리로 표현되었다. 이 가운데 "아이중심"은 산들초등학교가 지향하는 것이라면, "체험학습"은 그 지향이 담고 있는 내용이며, "다함께"는 그것을 실현해가는 방식이다. 이 세 가지는 산들초등학교 사회를 유지하는 기본적인 원리 또는 문화 요소라고 볼 수 있다.

이 가운데 "다함께"의 원리는 산들초등학교 사회를 실질적으로 유지하는 데 중요한 위치를 차지한다. 산들초등학교가 고유하게 시도하는 계절학교나 토요체험학습, 방과후특기적성활동 등은 7명밖에 되지 않는 교사들만의 힘과 한정된 학교 예산으로는 해낼 수 없다. 그런 활동을 하기 위해서는 거의 모든 경우에 모든 교사뿐만 아니라 학부모들의 신체적인 참여가 필요하고, 학부모들은 별도의 비용을 지출해야 했다. 따라서 모든 교사와 학부모들은 그와 같은 활동의 집행과정뿐만 아니라 의결과정에까지도 참여를 요구받고, 요구하게 되었다. 산들초등학교 사람들은 이런 활동이 원활하게 이루어지기를 바라는 마음에서 각종 모임의 장면에서는 항상 공동체를 앞에 내세웠다. 그들은 그처럼 산들초등학교의 각종 행사에 모든 구성원이 함께 참여하는 모습을 두고 "다함께 만드는 새로운 공동체 학교"라고 불렀다.

여기서 그들이 말하는 공동체는 세 가지를 의미한다. 첫째는 집단의 구성원들이 동일한 교육적 이상을 가지는 것이다. 그들은 모두 동일한 교육적 이상에 근거해서 기존의 학교를 문제로서 인식하고 산들초등학교에서 그 이상을 실현하려고 한다고 믿었다. 둘째는 집단의 구성원들이 평등한 것이다. 그들은 교장과 교사와 학부모가 모두 주체로서 평등하게 살아가는 것이 공동체라고 믿었다. 셋째는 집단의 구성원들이 공동으로 참여하는 것이다. 그들은 산들초등학교에서 시행하는 각종 행사에 모두가 참여하는 것이 공동체라고 믿었다. 산들초등학교 사람들은 공동체에 관한 이런 사고에 근거해서 민주적인 회의 절차와 모두의 참여를 강조하고, 공동체를 실현하려고 했다. 그들이 추구한 공동체의 모습은 다음 인용문에 간접적으로 나타난다.

> [2] '선생님이 너무 힘들 것이다', '학부모들이 전적으로 도와야 한다' 그랬어요. '올라올 수 있는 사람 올라오세요' 수준이 아니라 '다 올라와라'하면 다 올라가서 교실을 다 뒤집어 엎고, 먼지 다 뒤집어 쓰고 청소를 몇 번이나 했어요. 우리는 입학하기도 전에 다 청소하러 올라가서 몇 날 몇 일 청소했잖아요. 그놈의 백과사전은 이 교실에서 저 교실로 갔다가, 교장 선생님이 교장실로 가야 한다고 해서 교장실로 갔다가, 이정호 선생님이 "어, 이거 여

> 기 있으면 안 되는데요. 교육연구자룐데요" 그러면 다시 교무실로 가고 그랬어요. 피아노는 이쪽 반에서, 체험학습관에서, 유치원에서, 다시 체험학습관으로 그렇게 옮겨 다녔어요. 피아노가 좀 무거워요. 기술자가 들어야 하는데 우리가 다 옮겼어요. 그래서 나중에는 "뭐야, 누가 시키는 거야. 누구 말을 들어야 돼. 다 결정되면 말하세요" 그랬어요. 그래도 그거에 대해서 짜증 낸 사람 아무도 없었어요. 그리고 선생님인지 아저씬지 구분이 안 가게 지냈어요. 선생님 복장이 그냥 추리닝 입고 청소하러 와서 더 그랬어요. 그래서 저는 선생님인줄도 모르고 "아저씨, 아저씨. 선생님들 어디 계세요?" 그랬더니 "식사하러 가셨어요" 그러시는 거예요. "언제쯤 오세요?", "조금 있으면 올 거예요", "아저씨는 식사 안 하세요?", "저는 일찍 먹고 왔습니다" 그랬어요. 가다가 선생님한테 일부러 아저씨라고 하기도 하고. 거의 그 정도였어요. 그런 친근감 속에서 지냈어요.(소담 엄마, 예은 엄마, 유섭 엄마)

산들초등학교 사람들은 이 외에도 계절학교나 그 밖의 크고작은 행사를 치를 때도 교사와 학부모가 협력했다. 특히 계절학교는 산들초등학교가 공교육의 새로운 대안으로서 내세우는 활동 가운데 핵심에 해당하는 것이므로 교사들은 그 일을 열심히 했다. 또한 학부모들은 계절학교 기간 동안 아이들이 학습하는 것은 일상적인 수업활동을 통해서는 학습할 수 없는 것일 뿐만 아니라 아이들이 그 기간 동안 행복해하므로 계절학교가 원활하게 운영되도록 경제적인 지원뿐만 아니라 신체적인 지원도 아끼지 않았다. 그들은 그것이 공동체적으로 살아가는 것이고, 공동체를 실현하는 것이라고 믿었다.

그러나 산들초등학교 사람들이 추구하는 것과 달리 산들초등학교 사회는 공동체를 실현하는 데 많은 제약이 따랐다. 그 가운데 가장 핵심적인 것은 구성원이 다양하다는 점이었다. 산들초등학교는 표면상 동일한 교육적 이상을 지향하는 사람이 모여있는 것 같지만, 구성원의 면면을 자세히 살펴보면 그렇지 않았다.

교사들은 크게 산들초등학교가 현재 표방하고 있는 교육적 이상을 실현하기 위해서 자발적으로 전근해온 "앞바퀴 교사"와, 기존에 산들초등학교에 근무하고 있었거나 이후에 무작위로 발령받아온 "뒷바퀴 교사"로 구분된다.[4)]

학부모들은 산들초등학교의 학구인 춘래면 산들리, 산중리, 산하리에 거주하는 "산들사람"들과, 인근 희망시에 거주하는 "희망사람"으로 나뉘고, "희망사람"들은 다시 각종 시민운동에 참여한 적이 있거나 관심을 가지고 있는 "쎈사람들"과 평범한 가정주부인 "밥퍼아줌마"로 구분되고, "쎈사람"은 다시 "세모동 사람"과 "샘터동 사람"으로 구분된다. "세모동 사람"은 대체로 공동체성을 좀 더 강조하는 데 비해서 "샘터동 사람"은 대체로 작은 학교로서의 정체성을 더 강조했다. 또 2002년 이후로 산들초등학교에 전입하거나 입학한 학부모들은 이전의 학부모들과는 다른 기대를 가지고 있다.

산들초등학교 사람들은 이런 차이로 인해서 가시적으로 또는 비가시적으로 크고 작은 집단을 형성하고, 각 집단들은 서로에게 상이한 요구를 하고, 그 요구를 관철시키기 위해서 상대방을 설득하기도 하고 강요하기도 했다. 그리고 그 과정에서 상이한 견해를 가진 타인이나 집단과 심각한 마찰을 빚기도 했다. 그 갈등은 교사와 교사 사이에서, 교사와 학부모 사이에서, 학부모와 학부모 사이

4) 여기에 쓰인 "앞바퀴 교사"와 "뒷바퀴 교사"는 산들초등학교에서의 그들의 역할에 따라서 내가 비유적으로 구분한 것이다.

에서 학교의 교육과정 운영을 두고 발생하기도 하고, 교사의 수업 내용이나 방식을 두고 발생하기도 하고, 학생 지도 방식을 두고 발생하기도 하고, 학부모의 학교 교육활동에의 참여 내용과 범위를 두고 발생하기도 하고, 학생들이 통학할 때 이용하는 버스의 운영과 관련해서 발생하기도 하고, 입학생 및 학교의 정원과 관련해서 발생하기도 했다.

그들은 갈등이 점점 더 자주 다양한 영역에서 심각하게 발생하자 다양한 방식으로 그 문제를 해결했다. 일부 학부모나 교사들은 학교를 떠났다. 특히 2001년 3월부터 2004년 3월까지 산들초등학교에 근무한 교사 11명 가운데 7명이 학교를 떠났다. 학교를 떠나고 싶지만 떠나지 못하고 있는 교사들은 자신의 소신을 배제하고 다른 교사나 학부모가 요구하는 대로 수동적으로 따르면서 떠날 수 있는 날이 오기만 기다렸다.

그러나 대부분의 학부모들은 일상적으로 발생하는 갈등으로 인해서 고통스러워하면서도 학교를 떠나지 못했다. 교사들과 달리 그들은 갈 수 있는 다른 학교가 없기 때문이었다. 그들의 생활 근거지와 경제적인 형편으로는 그들이 갈 수 있는 학교는 집 근처의 일반 공립학교 밖에 없었다. 그런데 그 학교에서는 다른 학부모나 교사들과 갈등을 겪지 않을 수는 있지만, 그곳에서는 그들이 지향하는 것과는 다른 교육이 이루어지며 그로 인해서 아이들이 산들초등학교에서처럼 행복하게 지낼 수 없기 때문이었다.

결국 그들은 서로가 필요로 하는 만큼만 학교의 행사에 참여하고, 자신과 생각을 같이 하거나 처지가 비슷한 사람들끼리만 어울리게 되었다. 그리고 또 다른 일부 학부모들은 학교의 행사에 참여하지 않음으로써 다른 사람들과의 관계를 단절시키기도 했다. 그 결과 교사와 학부모 사이, 교사들 사이, 학부모들 사이에 파벌이 형성되고, 그들 사이의 골은 점점 더 깊어만 갔다.

상황이 이처럼 전개되자 외부의 교사들이 산들초등학교에서 근무하게 되는 것을 꺼려했다. 산들초등학교에는 일이 너무 많고 학부모의 간섭이 너무 심하기 때문이라는 것이 그 이유였다. 이러한 상황은 특히 앞바퀴 교사들에게 위기감을 불러일으켰다. 산들초등학교에 자원해서 올 교사가 없게 되면 매향교육청에서는 무작위로 교사를 발령내게 되고, 그 교사들은 산들초등학교가 추구하는 이상에 동의하지 않고 산들초등학교의 상황을 낯설게 받아들임으로써 교사들 사이뿐만 아니라 학부모들 사이에 갈등이 지속적으로 반복될 수 있기 때문이다. 그렇게 될 경우에 앞바퀴 교사들이 떠나고 난 후의 산들초등학교는 일반 초등학교와 다름없는 학교가 될 우려마저 있었다.

이들이 이처럼 서로 갈등하게 된 것은 앞서 지적한 것처럼 서로 다르기 때문이다. 표면상 보기에 그들은 동일한 교육적 이상을 가지고 있는 것처럼 보이지만 실제에 있어서는 교사들, "앞바퀴 교사"들, 학부모들, "쎈 사람"들이 추구하는 교육의 이상이 모두 조금씩 때로는 크게 달랐다. 그 뿐만 아니라 각자가 처한 상황도 달랐다. 그럼에도 불구하고 그들은 공동체란 동일한 이상을 가지고, 그것을 실현하기 위해서 모두가 주체적으로 평등하게 살아가는 집단이라고 믿었다. 그리고 그런 공동체를 실현하기 위해서 노력했다. 그러나 그 노력은 모두 자신의 이상을 중심으로 이루어진 것이었기 때문에 타인과 갈등할 수밖에 없었다. 결국 그들이 갈등하게 된 또 하나의 원인은 그들이 동일한 공동체 개념을 가지고 있었다는 데 있다.

이런 갈등 상황이 지속되고 심화되어감에 따라서 산들초등학교 사람들은 그들이 추구하는 교육적 이상의 실현 못지않게 그들 사이의 관계가 중요하다는 것을 점차 자각하기 시작했다. 또한 이러한 현실은 그들이 공동체를 통하여 궁극적으로 실현하려고 한 이상, 즉 모두가 주체로서 유대감을 느끼며 살아가는 데에도 부합하지 않는다는 것을 알았다.

학부모들은 이런 상황을 타개하기 위해서 각종 친목 모임을 갖고, 취미 동아리를 만들어서 활동하기도 했다. 또한 학년별 모임, 학부모 대표모임, 학부모 워크샵 등을 통해서 그들 사이의 관계를 개선하기 위한 시도들을 했다. 교사들 역시 그들 사이의 관계를 개선하기 위해서 일상적인 대화의 기회를 자주 가지기 위해서 노력했다. 그리고 2004년 2월에는 교사와 학부모 사이의 갈등 관계를 완화하기 위해서 교사-학부모 간담회를 열기도 했다. 그렇지만, 이런 노력들은 곧바로 결실로 나타나지는 않았다. 학부모들의 모임에는 그 모임을 주도하는 사람과 가까운 사람들이 주로 참석했다. 교사와 학부모 간담회 역시 처음 취지와 달리 토론회의 자리가 되지 못하고, 서로 인식하고 있는 문제를 충분히 논의하지도 못했다.

그럼에도 불구하고 산들초등학교 사람들은 이와 같은 과정을 통해서 서로가 편안한 관계를 유지하기 위해서는 어떻게 해야 하는 것이 좋은지를 여기저기서 산발적으로 모색하고, 공동체가 무엇인지를 새롭게 자각하게 되었다. 그 과정에서 그들이 가장 먼저 알게 된 것은 처음에 생각했던 것과 달리 그들은 서로 다르다는 것과,

서로 다른 그들이 함께 살아가기 위해서는 서로의 다른 점을 인정할 필요가 있다는 점이었다. 그리고 그들에게 있어서 다름을 인정한다는 것은 자신의 생각을 고집하지 않고, 타인의 언행을 자신의 생각을 기준으로 판단하지 않으며, 서로를 이해하는 것이다. 이때 서로를 이해한다는 것은 한편으로는 상대방의 언행의 이유와 거기에 담긴 정서를 살피고, 상대방의 입장에서 현상을 바라보려고 노력하는 것이다. 산들초등학교의 한 교사는 그 점을 다음과 같이 말했다.

> [3] 이해한다는 것은 그 사람 말의 배경을 생각하고 얘기를 들어주는 거지요. 왜 이런 말이 나왔을까 배경을 생각하고, 다독거려주고, 술 자주 먹고, 쪽지나 전화나 이런 것을 자주하고 이런 과정을 통해서 저절로 나는 되던데. 형상화된 언어를 의미 개념으로 이해하는 게 아니라 그 사람의 심리적 상태를 '왜 이런 말을 하게 될까', '그 언저리에는 뭐가 있을까', '뭐가 불만이었을까' 이런 것을 생각하는 거지. 내가 논리로 들어야 될 말과 감정의 연장선에서 억지로 논리화한 말을 구분할 수 있게 되었다는 거지.(이정호 교사)

그리고 그들은 일상 속에서 이처럼 서로의 다름을 인정하면서 살아가는 장면을 점점 더 자주 접하게 되었다. 그리고 그로 인해서 그들 사이에 점차 유대감이 쌓이게 되었다. 그리고 그들은 이와 같은 자신들의 삶의 경험을 토대로 공동체를 새롭게 규정하게 되었다. 산들초등학교가 다시 시작하던 초기에 그들은 동일한 교육의 이상을 실현하기 위해서 평등하게 참여하는 가운데 협력하는 집단을 공동체라고 바라보았지만 이제는 더 이상 그런 것을 공동체로 보지 않게 되었다. 그 대신 일상 속에서 서로를 이해하는 관계를 공동체라고 보게 되었다. 산들초등학교가 다시 시작하던 초기부터 현재까지 근무하고 있는 한 교사는 그 점에 대해서 다음과 같이 말했다.

> [4] 공동체를 특별하게 규정지어서 보는 것보다 그냥 서로가 좀 더 이해하는 거라고 볼 필요가 있어요. 예전에는 공동체를 바라볼 때 학교운영위 그 자체가 민주적으로 만들어지고 선출되고 의사결정구조가 만들어지면 공동체라고 본 적이 있었다는 거예요. 그리고 다음에는 참여라고 하는 것을 공동체의 중요한 부분으로 봐왔던 게 이 학교의 상이었던 것이고. 그런 과정을 밟아가면서 어떤 것이 진정한 것인가를 탐색하고 자기 말들을 해간다는 거지요. 그래서 지금에 와서 공동체라고 하는 것은 (서로가 좀 더 이해하는) 그런 식으로 (보게 돼요). 다른 사람들도 그런 식으로 보는 것들이 느껴져요. 이것은 여러 선생님들이 얘기하는 것이기도 해요.(김정식 교사)

위에서 공동체란 "그냥 서로가 좀 더 이해하는 거"라는 말은, 공동체는 외형적으로 조직화된 집단의 형태가 아니라 일상의 관계 속에 존재함을 의미한다고 볼 수 있다. 즉 공동체는 별도의 집단으로서 존재하는 것이 아니라, 서로 다른 사람들이 서로의 다름을 인정하고 서로를 이해할 때 그들 사이에 존재하는 것이다. 그래서 다른 한 학부모는 공동체란 "만들어가는 산물"이라고 말했다.

> [5] 공동체라는 것은 저절로 생기는 것도 아니고, 사람들 마음 속에 딱 있어서 찾아내는 것도 아니고, 결국은 만들어가는 산물이라고 생각해요. 그런데 그 산물이 교감이라면 교감이고 공감이라면 공감인데 그런 얘기 과정 속에서 (만들어지지요). 그러니까 토론 문화도 상당히 중요하지요. 우선 마음이 열리고 그걸 토론해 나가고. 그런데 토론 활동이라는 게 실천 활동과 매개되지 않으면 상

> 당히 공허한 울림에 지나지 않고. 그러니까 같은 장에 있는 사람들이 공동체성을 획득하기가 가장 쉽지요. 그러면서 점점 높은 수준의 질을 담보해 나갈 수 있을 것도 같구요.(경화 엄마)

요컨대, 산들초등학교 사람들은 초기에는 동일한 교육적 이상을 실현하기 위해서 한 곳에 모였다고 생각하고, 그것이 교육공동체라고 믿었지만 시간이 흐를수록 점점 더 자주 심각한 갈등을 겪었고, 그 갈등으로 인해서 점점 더 산들초등학교에서 살아가는 것이 불편하고 불안감마저 느끼게 되었다. 그리고 그것은 산들초등학교의 존립까지도 위협했다. 이런 상황에서 그들은 서로 다르다는 것과, 서로 다른 사람들이 함께 어울려 살아가기 위해서는 서로를 이해할 필요가 있음을 깨달았다. 그리고 부분적이기는 하지만 일상 속에서 서로를 이해하는 관계를 형성해가고, 그것이 바로 공동체라고 생각하게 되었다. 즉, 그들은 서로 갈등을 겪고 그 갈등을 해결하기 위해서 노력하는 과정에서 공동체에 관한 사고를 재구성한 것이다.

4. 산들초등학교 사회 구성원의 다층적 관계

산들초등학교 사람들 사이에서 나타난 이런 변화는 일상적인 장면에서는 쉽게 보기 어려운 현상이다. 그런 점에서 우리는 산들초등학교 사람들 사이에 나타난 이러한 변화와 관련하여 두 가지 질문을 제기할 수 있다. 하나는 산들초등학교 사람들은 왜 그와 같은 사고의 변화를 경험하게 되었는가 하는 점이고, 다른 하나는 그 변화는 어떤 과정을 통해서 이루어졌는가이다. 이하에서는 그 점을 산들초등학교 사람들 사이의 관계를 중심으로 알아본다.

산들초등학교 사람들이 이처럼 3년 동안 살아온 모습 속에서 우리는 다음 두 가지 사실을 알 수 있다. 하나는 그들 사이에는 다양한 관계가 존재한다는 것이다. 달리 말하면 산들초등학교 사회는 다양한 관계로 구성된다는 점이다. 또 하나는 산들초등학교 사회에는 다양한 관계가 동시에 존재한다는 점이다. 달리 말하면 산들초등학교 사회를 구성하는 관계는 순차적이라기보다는 다층적이라는 점이다. 그것을 정리하면 〈표 7-1〉과 같다.[5)]

〈표 7-1〉 산들초등학교 사람들 사이의 관계의 종류와 내용

관계 유형	관계의 내용
협력	각종 행사를 준비하고 진행할 때 자발적으로 참여함
억압	자신과 다른 의견을 묵살하고 자신의 주장을 관철시킴
갈등	서로 자신의 의견을 관철시키려고 함
타협	서로 부분적으로 만족하는 가운데 행사에 함께 참여함
단절	행사에 참여하지 않고 일상적으로도 만나지 않음
이해	각종 만남을 통해 서로의 다른 사고나 처지를 살펴보고 수용함

위의 관계 중에서 협력 관계는 동일한 목적을 달성하기 위해서 시간과 노력을 함께 들이는 것이다. 이 관계는 산들초등학교가 새롭게 태어나던 2001년 3월을 전후로 해서 두드러지게 나타났다. 사례 [1]에서 볼 수 있는 것처럼 그들은 학교의 각종 시설을 청소하고 준비하는 과정에 자발적이고 적극적으로 참여했다. 그리고 그 이후로 계절학교 등과 같은 대규모 행사를 진행할 때도 일부 사람

5) 니스벳(Nisbet, 1970/1995: 109)은 교환, 협력, 동조, 강제, 갈등이 근본적이고 보편적인 사회적 상호작용이라고 말한다. 이 다섯 가지는 한 사회 내에서 개인들이 맺는 관계의 유형을 가리키는 것으로 볼 수 있다.

들은 계속 자발적이고 적극적으로 참여했다.

억압 관계는 한 사람이 다른 사람의 견해를 묵살하고 자신의 견해를 상대에게 강요하는 것이다. 이 관계는 산들초등학교가 새롭게 태어나던 초기부터 존재했으며, 그런 관계의 모습은 시간이 지날수록 점차 전면으로 드러났다. 산들초등학교의 새로운 시작을 준비하는 과정에서 산들리에 거주하는 사람들은 새 학교가 그동안 복식수업으로 인해서 결손된 학습을 보충해주기를 바랐지만 그들의 의견은 반영되지 않았다. 행사를 진행하는 데 있어서도 일부 "앞바퀴교사"나 "쎈사람"의 의견에 반대되는 의견을 제기하는 사람은 번번히 묵살되었다. 그리고 시간이 지날수록 이 관계는 다양한 장면에서 반복적으로 나타났다.

갈등 관계는 권력이 비등하고 서로 다른 의견을 가진 사람이 상대에게 자신의 주장을 관철시키려고 하는 것이다. 이런 갈등 관계는 2001년 중반 이후로 교사 사이, 학부모 사이, 교사와 학부모 사이에 다양한 장면에서 반복적으로 나타났다. 특히 2001년과 2002년에는 학교의 운영 방향을 두고 교사 사이에 갈등이 두드러졌으며, 2002년과 2003년에는 학부모의 학교 참여 범위와 방법을 두고 교사와 학부모 사이의 갈등이 두드러졌다. 그리고 학부모 사이에는 초기부터 내내 통학버스와 전입생 문제를 포함하여 크고 작은 사안과 관련하여 갈등이 다양하게 전개되고 심화되었다.

타협 관계는 서로가 상대에게 각자의 요구나 주장을 부분적으로 수용하고 부분적으로 관철하는 것이다. 이런 관계는 산들초등학교 사람들 사이에 거의 항상 존재했다. "산들사람"들이 산들초등학교가 그들의 기대와는 다르게 학업을 소홀히 함에도 불구하고 자신의 자녀를 계속 재학하게 한 것은 산들초등학교가 새롭게 제공하는 것들, 예를 들면 특기적성 활동이나 각종 체험학습, 계절학교 등과 같은 행사가 있기 때문이다. 또한 계절학교 운영 등과 관련해서 뒷바퀴 교사와 앞바퀴 교사와 학부모들은 모두 불만을 가지고 있었지만 그들은 모두 계절학교를 운영할 경우에 얻지 못하는 것보다 얻는 것이 더 많기 때문에 불만을 덮어둔 채 참여했다. 산들초등학교의 행사는 많은 경우에 이와 같은 타협 관계를 바탕으로 치뤄졌다.

단절 관계는 만나는 기회 자체를 갖지 않음으로써 다른 사람과 아무런 관계도 맺지 않는 것이다. 산들초등학교의 행사가 주로 토요일에 개최됨으로써 "산들사람"이 점차 행사에 참여하지 않게 된 것이나, 일부 "희망사람"들이 학교 행사에 참여하지 않게 된 것, "뒷바퀴 교사"들이 교사 회의 장에서 입을 다물고 있는 것, 그리고 마침내 학교를 떠난 것 등이 여기에 해당한다. 이 단절 관계는 2004년 12월을 전후해서 가장 절정에 달했다. 이런 관계는 그들뿐만 아니라 연구자인 나까지도 고통스럽고 불안하게 만들었다.

이해 관계는 앞의 사례 [3]에서 볼 수 있는 것처럼 서로가 상대방의 언행의 이유와 정서를 살피고, 상대방의 입장에서 현상을 바라보려고 노력하는 것이다. 이런 관계는 2001년 초기와 그 이후에도 부분적으로 존재하기는 했지만, 그 모습이 두드러지게 나타난 것은 특히 2004년 2월 전후이다. 이런 관계로 인해서 그들은 일차적으로는 공동체의 개념을 새롭게 가지게 되었다. 그 이전까지 그들은 공동체란 동일한 이상을 가진 사람들이 그것을 실현하기 위해서 평등하게 참여하는 가운데 협력하는 집단으로 생각했다. 그러나 이해 관계를 통해서 그들은 앞의 사례 [4]와 [5]에서 볼 수 있는 것처럼 공동체란 서로를 좀 더 이해하고, 그 과정에서 만들어져 가는 것이라고 다시 생각하게 되었다. 그리고 그 결과 유대감을 느낄 수 있게 되었다.

산들초등학교 사람들이 살아온 모습에서 볼 수 있는 이상의 여섯 가지 관계는 시기에 따라서 또는 사람이나 집단에 따라서 엄격하게 구분되는 것은 아니다. 동일한 사람이라고 해도 상황에 따라서 타인과 맺는 관계가 달라졌다. 협력 관계의 경우는 2001년 3월을 전후로 해서 두드러지게 나타나고, 점차 시간이 지나면서 갈등 관계가 표면으로 드러났으며, 그 뒤를 이어서 타협과 단절과 이해의 관계가 점차 두드러지게 나타났다. 그렇지만 이 모든 관계는 정도의 차이만 있을 뿐 다른 시기에도 발견되었다. 이러한 사실은 이상의 여섯 가지 관계가 사람이나 집단 또는 영역으로 고정되어 있지 않고 다층적으로 존재하는 가운데 상황에 따라서 다르게 형성되어 나타남을 의미한다.

5. 닫힌 관계와 열린 관계

산들초등학교 사람들 사이에 이와 같이 관계가 다양하게 형성되는 것은 그들이 서로 다르고, 서로 다른 그들이 만나서 무슨 일인가를 함께 할 수밖에 없기 때문이다. 서로 다른 사람이 만나기 때문에 관계가 발생하고, 자신과 다른 타인을 대하는 태도와 권력의 정도가 다양하기 때문에 관계가 다양하게 형성된다. 그들은 서로가 동일한 가치를 지향할 때는 협력하지만, 그 가치가 다를 때는 권력의 정도에 따라서 상대를 억압하거나 갈등하거나 타협하거나 단절한다. 그러한 관계로 의해서 학교나 개인의 존재가 위태롭게 될 때 서로 이해한다. 이 때 각 관계 속에서 서로가 타인을 대하는 태도는 자기중심적 태도와 타자지향적 태도로 구분될 수 있으며, 각 태도에 따라서 형성되는 관계는 크게 닫힌 관계와 열린 관계로 구분할 수 있다. 〈표 7-2〉는 그것을 간단히 정리한 것이다.

〈표 7-2〉 타인을 대하는 태도에 따른 관계의 유형

태도 (판단의 준거)	개인의 사고와 처지		관계 유형
	같음	다름	
자기 중심	협력	억압, 갈등, 타협, 단절	닫힌 관계
타자 지향		이해	열린 관계

자기중심적 태도는 개인이 자신을 중심으로 타인을 판단하고, 타인에게 자신의 사고를 관철시키려고 하는 경우다. 즉 판단의 기준을 자신에게 두는 가운데 상대를 변화시킴으로써 상대로 하여금 자신이 원하는 방향으로 행동하도록 요구하는 것이다. 이 때 상대가 자신과 다른 사고를 가지고 동일한 태도를 취하게 되면 권력의 크기에 따라서 양자 사이에는 협력, 억압, 갈등, 타협, 단절 등의 관계가 형성된다. 이러한 관계 속에서 개인은 항상 자신의 사고를 기준으로 상대를 판단하고 행동하므로 서로를 주체로서 인정하지 않으며, 따라서 유대감을 느끼기도 어렵다. 자신과 다른 사람의 사고나 처지를 수용하기보다는 관철시키려고 하기 때문이다. 그 점은 협력 관계도 마찬가지다. 그들이 내부적으로는 협력 관계를 유지해도 자신들과 다른 사고를 가진 제 삼의 상대에 대해서는 여전히

갈등 관계를 형성하게 되기 때문이다. 따라서 협력, 억압, 갈등, 타협, 단절 등의 관계는 근본적으로는 동일한 관계라고 볼 수 있다. 이런 관계들 속에서 개인은 자신의 사고를 기준으로 상대를 판단함으로써 자신의 사고를 근본적으로 변화시키기 어렵다. 이 점에서 그 관계는 모두 닫힌 관계라고 볼 수 있다.

타자지향적 태도는 개인이 상대를 중심으로 상대의 언행과 자신을 바라보고, 그로 인해서 자신의 사고를 재구성하게 되는 경우다. 이와 같은 태도로 자신과 다른 타인을 대할 때 이해관계가 형성된다. 이런 관계 속에서 개인은 자신의 사고를 상대에게 관철시키려고 하지 않을 뿐만 아니라 자신의 사고를 기준으로 상대를 판단하지도 않는다. 사례 [3]처럼 상대의 사고나 처지에서 자신을 바라봄으로 인해서 자신의 사고의 변화를 경험하게 되고, 그 사고의 변화는 행동에도 변화를 불러일으킨다. 그리고 그 과정에서 서로는 서로에 의해서 주체로서 인정받으며 유대감을 느낀다. 이런 점에서 이해관계는 열린 관계라고 볼 수 있다.

6. 산들초등학교 사회의 교육학적 해석

이상에서 살펴본 바에 따르면 산들초등학교 사회에는 다양한 관계가 다층적으로 존재하며, 그 관계는 크게 닫힌 관계와 열린 관계로 구분할 수 있다. 닫힌 관계는 산들초등학교 사람들이 자신을 중심으로 타인을 대할 때, 열린 관계는 타인을 중심으로 자신을 바라볼 때 형성된다.

이런 사실을 통해서 우리는 한 가지 사실을 더 알 수 있다. 그것은 산들초등학교 사회는 열린 면과 닫힌 면을 동시에 가지고 있다는 점이다. 따라서 우리가 산들초등학교 사회를 이해하고자 할 때 이 두 측면 가운데 어느 측면에 주목하는가에 따라서 그리고 각 측면의 어떤 관계에 주목하는가에 따라서 서로 다른 이야기를 할 수 있게 된다.

만일 우리가 닫힌 면에 주목한 가운데 산들초등학교 사회를 이해하고자 한다면 그들이 어떤 종류의 활동이나 행위를 하며, 그 과정에서 그들은 무엇을 체험하는지, 그 행위는 그들에게 어떤 의미가 있는지, 그러한 행위를 가능하게 하는 문화[6]나 상황 조건이 무엇인지 등에 관하여 이야기하게 될 가능성이 많다. 그것은 교육사회학의 분야에서 해석적 접근 또는 질적연구방법으로 일컬어져 온 현상학, 상징적 상호작용론, 민속방법론, 문화인류학 등이 취해온 방식이다.

이와 함께 우리는 산들초등학교의 열린 면에 주목한 가운데 산들초등학교 사회를 이해할 수도 있다. 이 경우에 우리는 단순히 그들이 어떤 활동이나 행위를 하는지, 그 행위는 그들에게 어떤 의미가

6) 문화는 사람에 따라서 다양하게 정의된다. 그 정의는 크게 두 가지로 유형화할 수 있다. 하나는 행위의 차원에서 규정하는 것이고, 다른 하나는 사고의 차원에서 규정하는 것이다. 전자는 대체로 문화를 삶의 양식이라고 보는 데에 비해서, 후자는 인지 체계 또는 공유된 표준이라고 본다. 전자가 좀 더 연구자의 관점에 치중해 있다면, 후자는 좀 더 행위자의 관점에 치중해있다고 볼 수 있다. 여기서 나는 후자의 의미로 사용했다. 그것은 다음 두 가지 이유 때문이다. 첫째는 문화는 공유되고 전수되고 변화하며, 이 점을 설명하는 데는 후자의 방식이 더 적합하다고 보기 때문이다. 둘째는 문화를 사고의 차원에서 규정할 때 사고와 행위 사이의 관련이 설명되기 때문이다. 문화를 사고의 차원에서 규정할 경우, 행위자의 관점에서 보면 행위는 직접적으로건 행위자의 해석의 결과로건 사고의 표현이며, 연구자의 관점에서 보면 행위는 문화를 이해하는 단서가 된다. 문화를 무엇으로 볼 것인가와 관련된 논의는 전경수(1994), 김영철(1998), 윤여각(1999), Harris(1999) 등을 참고하기 바란다.

있는지, 그 행위는 어떤 문화나 상황 조건에 의해서 이루어지는지만을 살피는 것이 아니라, 그와 관련해서 또는 그것을 배경 삼아서 그들이 어떤 사고의 변화와 그에 따른 행위의 변화를 경험하는지를 이야기하게 된다.

우리는 이 점을 설명하기 위해서 사회학의 사회 변동과 관련된 논의나 이론을 도입할 수도 있다. 그렇지만 다른 한편으로 산들초등학교 사람들이 타인과의 관계 또는 상호작용을 통해서 사고의 변화를 경험한다는 점에 주목해서 그것을 교육학의 관점에서 설명하는 방안을 모색할 수도 있다. 서론에서 언급한 것처럼 교육의 정의는 사람마다 다양하지만, 그 정의들은 공통적으로 개인의 변화를 내포하고 있다. 이 점을 고려하면, 산들초등학교 사회를 교육학의 관점에서 해석한다는 것은 산들초등학교 사회의 열린 면, 또는 산들초등학교 사람들이 서로 열린 관계를 맺으면서 살아가는 동안 사고를 재구성해가는 모습에 주목하는 것이라고 말할 수 있다.

산들초등학교 사회의 열린 면을 교육학의 관점에서 해석하는 한 가지 방식은 그것이 바로 무형식 교육(informal education)이라고 말하는 것이다. 그러나 이 때 무형식 교육이라는 말은 산들초등학교 사회의 열린 면을 교육학의 관점에서 해석하는 일이 가능하다는 점은 말해주지만, 그것이 왜 가능한지는 충분히 말해주지 못한다.

일반적으로는 교육을 형식 교육(formal education), 비형식 교육(nonformal education), 무형식 교육(informal education)으로 구분한다. 형식 교육은 학교와 같은 제도적 기관에서 이루어지는 교육을, 비형식 교육은 사설 학원 등에서 이루어지는 교육을, 무형식 교육은 교수자가 명시적으로 드러나지 않는 가운데 일상 속에서 비의도적으로 이루어지는 교육을 가리킨다(한숭희, 2001: 134). 그러나 여기서 무형식 교육은 개인이 일상 속에서 무엇인가를 학습했다는 점만을 이야기할 뿐, 그 학습이 이루어지기 위해서 개인이 타인과 어떤 종류의 관계를 맺고 어떤 종류의 상호작용을 하는지에 관해서는 아무것도 말해주는 바가 없다. 그 점은 비형식 교육이나 형식 교육 역시 마찬가지다.

오히려 우리는 산들초등학교 사례에 근거해서 무형식 교육이 무엇인지 정의해볼 수 있다. 산들초등학교의 사례에 따르면, 무형식 교육이란 개인이 일상 속에서 타인과 열린 관계를 맺는 가운데 상호작용함으로써 사고가 재구성되어 가는 것이라고 말할 수 있다. 그리고 이런 의미의 교육은 무형식 교육뿐만 아니라 비형식 교육과 형식 교육에도 동일하게 적용될 수 있다. 즉 모든 교육은 개인이 타인과 열린 관계를 맺는 가운데 상호작용함으로써 사고가 재구성되어 가는 과정이라고 말할 수 있다. 단지 그것이 정해진 장소에서 정형화된 형태로 이루어지고 있는가, 그렇지 않은가의 차이만 있을 뿐이다.

교육을 이와 같은 의미로 받아들이게 되면 산들초등학교 사회를 교육학의 관점에서 이해한다는 것은, 산들초등학교 사회의 구성원들이 서로 어떤 방식으로 열린 관계를 맺으며, 그 과정에서 사고가 어떻게 재구성되어 가는지를 살펴보는 일이 될 수 있다. 그 구체적인 내용은 우리가 지금까지 살펴본 바와 같다.

7. 사회의 교육학적 해석의 가능성과 과제

산들초등학교 사람들이 서로 어떤 방식으로 열린 관계를 맺고, 그 과정에서 사고가 어떻게 재구성되어 가는지를 살펴보는 것이 산들초등학교 사회를 교육학의 관점에서 해석하는 일이라고 한다면, 우리는 군대, 교도소, 병원, 시장 등과 같은 다른 종류의 사회도 동일한 방식으로 해석할 수 있다. 그곳에도 산들초등학교 사회와 마찬가지로 개인 사이에 다양한 관계가 존재하며, 그 가운데는 열린 관계도 존재할 수 있기 때문이다. 단지 각각의 사회에서 개인들이 형성하는 열린 관계의 구체적인 양상이나, 그 관계를 통해서 재구성되는 사고의 구체적인 내용만이 다를 뿐이다. 즉, 우리는 교육을 '개인이 타인과 열린 관계를 맺는 가운데 상호작용함으로써 사고가 재구성되어 가는 과정'으로 정의할 경우에 다양한 사회를 교육학의 관점에서 해석할 수 있게 된다. 그것은 교육을 사회학의 관점에서 해석하는 '교육의 사회학(sociology of education)'과 더불어서 사회를 교육학의 관점에서 해석하는 '사회의 교육학(educology of society)'으로서의 교육사회학을 모색하는 것이기도 하다. 이 후자로 인해서 우리는 교육사회학의 또 다른 탐구 영역을 확보하고, 교육과 사회 그리고 양자 사이의 관계에 대해서 한층 더 깊이 이해할 수 있게 될 것이다.

그렇기는 하지만 이상의 작업은 아직 시론적인 수준이며, 이후로 수많은 논의들이 지금보다 훨씬 더 정교하고 복잡하게 이루어져야 한다. 그 가운데 몇 가지만 예를 들면 다음과 같다.

첫째는 위에서 교육은 열린 관계에 의한 사고의 재구성 과정이라고 규정하고 있지만, 모든 종류의 사고의 재구성을 교육으로 볼 수 있는가하는 문제에 대한 대답이 충분하지 않다. 즉 어떤 종류의 변화를 교육으로 볼 것인가 하는 점이다. 예를 들면 영화 "Alive"에는 비행기 추락 사고로 안데스 산위에 고립된 사람들이 죽은 동료의 시신을 먹고 70여일을 버틴 끝에 살아남는 사건이 등장한다. 이것은 실지로 있었던 일로서, 그 사건을 통해서 그들은 인간 사회의 가장 기본 전제인 '사람을 식용으로 먹어서는 안된다'는 사고가 '사람을 식용으로 먹어도 된다'는 사고로 변화되는 경험을 했다고 볼 수 있다. 과연 이런 종류의 변화도 사고의 재구성이라고 할 수 있는지, 그것도 교육으로 볼 수 있는가 하는 문제가 해결될 필요가 있다. 그 점이 해결되기 위해서는 우리가 살아가는 동안 경험하는 다양한 사고의 변화를 확인하고 구분하고 유형화해야 한다.

둘째는 첫째 과제와 관련된 것으로서 다양한 사회 집단과 그 안에서의 인간의 삶에 대한 다양한 수준의 교육학적 해석이 필요하다는 점이다. 지금까지 나는 비교적 작은 집단을 대상으로 했다. 그러나 이 세상에는 단 두 명으로 이루어진 사회로부터 시작해서 국가나 인류와 같이 거대한 규모의 사회도 존재한다. 사회를 교육학의 시각에서 체계적으로 해석하기 위해서는 그 각각의 사회에 대한 해석 작업이 필요하다. 그리고 그 해석 작업은 하루나 한 달, 또는 일 년 등과 같이 단기간에 이루어지는 상호작용을 대상으로 이루어질 수도 있지만, 몇 십 년 또는 몇 세기 동안 이루어지는 상호작용을 대상으로 이루어질 수도 있다. 사회의 규모가 커질수록 사회를 교육학적으로 해석하기 위해서는 그 기간이 더 길어질 수밖에 없다.

셋째는 일상의 삶의 장면에서 이루어지는 사고의 재구성 과정과 학교의 수업에서 이루어지는 사고의 재구성 과정을 하나의 이론으로 통합해서 설명할 수 있어야 한다. 양자를 별개의 이론으로 설명할 경우에는 이론의 설명력을 스스로 떨어뜨리거나, 한쪽 설명에 의해서 다른 한쪽을 왜곡할 수 있다. 이 점을 피하기 위해서는 개인이 일상을 살아가는 동안 가지고 있는 사고와 문화, 그리고 학교에서 수업의 과정에서 학생들이 학습하는 교과 사이의 관련을 이론적으로 설명할 수 있어야 한다.

넷째는 이상의 과제를 수행하기 위해서 사회에 관한 사회학의 여러 이론들, 학습에 관한 다양한 분야의 논의들, 문화에 관한 인류학의 여러 이론들, 학문과 교과의 의미와 성격에 관한 여러 논의들, 교육의 개념에 관한 교육학의 다양한 논의 등을 사회의 교육학의 시각에서 체계적으로 다시 공부하고 검토해야 한다.

사회를 교육학의 관점에서 해석하는 일에는 이 외에도 많은 과제가 놓여있을 것이다. 이상의 과제에 비추어보면, 지금까지 내가 해온 일은 스케치를 위한 스케치에 불과하다고 볼 수 있다.

참 고 문 헌

고창규(2000). 초등학교 수업의 말차례 가지기(Turn-taking) 기법. 교육인류학연구, 3(1), 1-24.

김경근(1996). 한국 사회의 인구학적 변동과 그 배경: 경제발전과 교육열의 영향을 중심으로. 교육사회학연구, 6(1), 33-50.

김경근(2004). 한국의 사회변동과 교육. 서울: 문음사.

김신일(1993). 교육사회학. 서울: 교육과학사.

김영철(1998). 문화개념의 교육학적 해석. 교육인류학연구, 1(1), 1-19.

김영화·이인효·박현정 (1993). 한국인의 교육열 연구. 한국교육개발원.

김용숙(1986). 학력병 환자. 서울: 민족문화사.

김희복(1992). 학부모 문화 연구: 부산지역 중산층의 교육열. 박사학위논문, 서울대학교.

대검찰청(2000). 범죄 분석. 서울: 대검찰청.

박남기(1994). 한국인의 교육열 이해를 위한 대안적 관점. 교육학연구, 32(5), 185-206.

박혜인(1994). 한국가족의 교육열에 대한 역사적 고찰: 과거시험이 가족, 사회에 미친 영향을 중심으로. 한국가족학회 (편). 자녀교육열과 대학입시. 춘천: 하우.

서근원(2007). 교육학으로서의 교육인류학 탐색. 교육인류학연구, 10(2), 1-40.

서근원(2008). 교육열의 의미에 관한 한 해석: 사회적 상황의 변화와 관련해서. 교육인류학연구, 11(1), 177-201.

오욱환(2000). 한국사회의 교육열: 기원과 심화. 서울: 교육과학사.

윤여각(1999). 교육인류학에서의 문화연구. 교육인류학연구, 2(1), 63-89.

이돈희(1985). 한국사회의 교육열과 교육기회 관리 문제. 새교육, 1985년

4월호, 12-18.
이종각(2003). 교육열 올바로 보기: 그 정체는 무엇이며 어떻게 다루어야 하나?. 서울: 원미사.
이종각·김기수(2005). 교육열 개념의 비교와 재정의. 한국의 교육열 세계의 교육열: 해부와 대책 (pp. 13-44). 서울: 하우.
이효수(1993). 한국인의 교육열: 경제학적 고찰. 교육진흥, 5(4), 92-101.
장상호(1997). 학문과 교육, 상. 서울: 서울대학교출판부.
전경수(1994). 문화의 이해. 서울: 일지사.
정범모(1969). 교육과 교육학. 서울: 배영사.
조영달(2001). 한국 중등학교 교실수업의 이해. 서울: 교육과학사.
최봉영(2000). 교육열의 역사적 전개와 성격. 오만석 외. 교육열의 사회문화적 구조. 성남: 한국정신문화연구원.
한숭희(2001). 평생학습과 학습 생태계: 평생교육론의 새로운 패러다임. 서울: 학지사.
한우희(1991). 보통학교에 대한 저항과 교육열. 교육이론, 6(1), 53-76. 서울대 사범대학 교육학과.
Dawkins, R.(1976). *The selfish gene*. New York: Oxford University Press.
Dewey, J.(1966). *Democracy and education*. New York: The Free Press.
Getzels, J.W.(1969). A social psychology of education. in G. Lindzery and E. Aronson Eds., *The Handbook of Social Psychology, Vol. S.*. Reading, Mass.: Addison-Wesley. 박용헌(1998). 사회적 행동과 학습, pp. 24-25. 서울: 교육출판사.
Goffman, E.(1959). *The Presentation of self in Everyday life*. Garden City: Doubleday.
Harris, M. (1999). *Theories of culture in postmodern times*. Walnut Creek, CA: AltaMira Press.

Hirst, P.(1965). Liberal education and the nature of knowledge. R.D. Archumbault Ed. *Philosophical analysis and education*. London: RKP.

Hirst, P.(1993). Education, knowledge and practices. R. Barrow and P. Whites Eds. *Beyond liberal education: Essays in honour of P.H. Hirst*. London: RKP.

Kramer, S. N.(1981). *Thirty-nine firsts in recorded history*. 박성식 (역) (2000). 역사는 수메르에서 시작되었다: 인류 역사상 최초 39가지. 서울: 가람기획.

Mehan, H.(1979). *Learning lessons: Social organization in the classroom*. Harvard Univ. Press.

Nisbet, R.A.(1970). *The social bond: An introduction to the study of society*. 이시준 역(1995). 현대사회학. 서울: 한글.

Sarup, M.(1978). *Marxism and education*. London: Routledge & Kegan Paul. 이혜영 외 역(1987). 마르크스주의와 교육이론. 서울: 한길사.

van Manen, M.(1990). *Researching Lived experience*. The University of Western Ontario, Canada: The Althouse Press. 신경림, 안규남 역 (1994). 체험연구: 해석학적 현상학의 인간과학 연구방법론. 서울: 동녘.

Woods, P.(1983). *Sociology and the school: An interactionist viewpoint*. London: RKP.

색 인

[인명색인]

[내용색인]

【저자소개】

서근원

E-mail : coist@naver.com
서울교육대학교 초등교육과 학사
서울대학교 대학원 교육학과 석사
서울대학교 대학원 교육학과 박사
서울교육대학교 박사후 과정 이수
서울 무학, 구암, 대림 초등학교 교사
서울대학교, 중앙대학교, 성균관대학교, 서울교육대학교 등 강사
한국교육개발원 부연구위원(대우)
청주교육대학교 연구교수
한국교육과정평가원 부연구위원
대구가톨릭대학교 교직부 조교수 (현재)

해석주의 교육사회학 탐구 (1): 상식 밖의 교육학

2012년 4월 10일 초판 인쇄
2012년 4월 15일 초판 발행

저 자 **서근원**
발행자 **오동석**

발행처 **강현출판사**
서울 중랑구 묵동 58-5 1호
전화 : 02) 965-4955, 010-5712-9630
등록 : 2007년 5월 21일(제306-2010-5호)
E-mail : oods1205@hanmail.net

잘못된 책은 교환해 드립니다. **정가 15,000원**

ISBN : 978-89-94320-29-8